주식투자의
심리학

주식투자의
심리학

조지 C. 셀든 지음 ｜ 유태진 편역

다른
상상

주식시장의 심장부에는
사람의 두 가지 기본 정서가 놓여 있는데, 바로 공포와 탐욕이다.
이 두 가지가 톱니바퀴처럼 맞물려 돌아가며
투자자들을 삼켜버리는 방식으로 오랫동안 작동해왔다.
이제 여러분이 여기에서 비켜설 수 있다면,
미리 알고 적절히 이용하되 휘말리지 않을 수 있다면,
그 실체가 무엇인지 언제나 되새긴다면,
성공하는 투자자가 되기 위한 기본을 갖춘 것이다.

- 앤서니 볼턴

이 책은 주식시장의 가격 변동이 투자와 거래의 주체인 투자자들의 심리에 크게 좌우된다는 믿음에 근거한다. 컬럼비아 대학의 동료들, 뉴스 작가, 통계학자, 월스트리트 잡지 편집진들과 함께 진행한 수년간의 연구와 경험의 산물로 이 책을 펴냈다. 주식시장에 지대한 관심을 갖고 있는 투자자들에게 실질적인 도움을 주는 것이 주된 목적이지만 추가 연구의 기회가 무궁무진한 '주식시장 속 심리학'이라는 새로운 분야의 예비 토론과 같은 일환으로 과학적 가치를 가질 수 있기를 바란다.

뉴욕에서, 조지 C. 셀든

| 차례 |

1장

주가를 알려면
심리를 알아야 한다

투기 사이클을
읽어내는 법

　주가의 등락은 주식시장에 몸담고 있는 대중의 심리와 정신적 태도에 의해 다양한 결과를 맞이한다. 특히 짧은 기간 동안 특정 종목의 주가가 등락을 반복하는 것은 거의 대중의 심리적 요인에 의한 것이다. 주식시장에서 잔뼈가 굵은 사람이라면 이런 상황에 대해 누구보다 잘 알고 있으며, 대중의 심리가 낙관적인지 부정적인지 그에 따른 앞으로의 전망은 어떠한지까지 추론할 수 있다.

주가의 등락은 펀더멘탈(Fundamental)이라고 불리는 기초 경제여건에 영향을 받는다. 한 나라의 경제성장률·물가상승률·재정수지·경상수지·외환보유액 등과 같은 경제지표를 가리키는데, 주식시장에서는 회사가 소유하고 있는 경제적 능력이나 가치, 잠재적 성장성 등을 뜻한다. 이와 더불어 주식시장에서 실제로 일어나는 여러 가지 변화나 상장 회사들의 흥망성쇠가 주가의 등락에 영향을 준다. 주식시장에 몸담고 있는 대중이 민감하게 반응하는 부분이기 때문이다.

몇 달 혹은 몇 년에 걸쳐서 이루어지는 주가의 등락은 경제적·금융적 조건의 변화에 따라서 좌우된다. 단기간에 이루어지는 주가의 등락은 대중의 심리 상태가 수시로 변함으로써 나타나는 결과다. 이는 펀더멘탈의 변화가 초래한 결과와 맞아떨어질 수도 있고 그렇지 않을 수도 있다.

주식시장에 몸담고 있는 대중의 심리 상태가 일일

주가 변동에 얼마나 큰 영향을 미치는지 확인해보고 싶다면, 증권가에 종사하는 사람들이나 전문 거래자들이 나누는 대화를 한 번만 들어보면 된다.

"그래, 자네는 문제가 뭐라고 생각하지?"

"철강 선물(先物)을 환매했는데, 지금 엄청나게 몰리고 있어. 사람들이 공매도*에 나선 것 같아."

"내가 이야기해본 사람들도 모두 그렇게 말하더군. 다들 주가가 오르지 않을 거라고 예상하고 공매도로 선물을 되사고 있어. 처음에는 한둘이었는데 이제는 하나의 흐름이 형성됐어. 이렇게 된 이상 나 또한 공매도로 돌아서야 할 타이밍을 보고 있네."

이런 식의 추론은 끝없이 계속 이어질 수 있다. 온

---

* 空賣渡, Short Selling. '없는 것을 판다'는 뜻으로, 재화를 미리 빌려서 매도한 후 현재 가격의 수익을 얻고, 나중에 빌린 만큼의 재화를 상환하여 차익을 남기는 투자 기법을 말한다. 주로 하락장에서 수익을 얻고자 할 때 쓴다.

신경을 곤두세우고 주식시장의 흐름을 바라보는 심리의 곡예사들은 끊임없이 추론을 거듭하고, 반대의 반대를 향해서 움직인다. 이들에게 마지막 정착지 같은 건 없다. 계속해서 대중이 가지고 있는 태도의 반대편에 서려고 한다.

사는 사람의 심리,
파는 사람의 심리

앞서 살펴본 두 사람의 대화에서 확인할 수 있는 것은, 주식시장에서 매도 포지션에 있는 사람과 매수 포지션에 있는 사람의 심리 상태에는 근본적인 차이가 있다는 것이다. 사람이 자신의 투자 포지션을 설정할 때의 심리가 상반된다는 사실을 기억해야 한다. 앞에 두 사람이 시장의 흐름을 읽고 논점을 발견할 때 공통적으로 관심을 기울인 대상도 시장에 관련된 사람들이 어떤 심리적인 태도를 취하는가 하는 점이었다.

주식 거래자 중에 매수 포지션을 취하고 장기적으로 주식을 보유하겠다는 생각을 가지고 있는 사람들의 입장에 서보자. 이들 가운데 대부분이 주가가 조금이라도 흔들리는 기색이 보이면 빠르게 주식을 팔 것이고 곧바로 주가는 내려갈 것이다. 반대로 매도 포지션을 취하는 입장에서는 주가가 조금이라도 치고 올라가려는 기색이 있으면 곧바로 매수 포지션으로 돌아설 것이다. 주가가 오르는 결과에 이른다.

투자, 특히 투기적인 투자의 심리적인 측면은 두 가지 관점에서 살펴볼 수 있다. 먼저, 수시로 변하는 대중의 심리적인 태도가 주가에 어떤 영향을 미치는가 하는 점이다. 다시 말해, 시장의 어떤 특징적인 부분이 심리적인 요인에 의해 영향을 받느냐 하는 것이다.

또, 주식을 거래할 때의 심리적인 태도가 실제로 성공적인 투자에 어떤 영향을 미치는가 하는 것이다. 이를테면 한 사람이 대담한가, 소심한가 또는 사태를 낙관적으로 바라보는가, 부정적으로 바라보는가 하는 심리적인 요인이 성공적인 투자를 이루고 돈을 버는 데 어떤 영향을 미치는지에 대한 것이다. 투자를 감행할 것인지, 손을 털고 돌아설 것인지 하나하나의 선택과 결정이 성공으로 향하는 계단이 될 것인지, 장애물이 될 것인지 중요한 문제다.

이러한 심리적인 태도의 두 가지 측면은 서로 긴밀하게 엮여 있어서 항상 함께 고려해야 한다. 투자 심리학이라는 이름으로 묶어 대주제를 먼저 살펴본 다음에, 주식시장이 개인투자자에게 어떤 영향을 미치는지, 반대로 개인이 주식시장에 어떤 영향을 미치는지 세세한 부분까지 파고들어 보자.

투기 사이클은 해마다 반복된다. 반복되는 양상은 패턴화할 수 없을 정도로 무한히 다양하지만 근본적으로는 동일하다고 할 수 있다. 날마다 이루어지는 주식 거래나 세상의 모든 투기 시장에서도 이런 사정은 마찬가지다. 사는 사람과 파는 사람의 경합에 의해 가격이 영원히 고정될 때까지 계속된다. 물론 가격이 고정되는 일은 일어나지 않는다. 다시 말해 인간이 이익을 추구하고 손해를 두려워하는 한 투기 사이클, 즉 주가의 등락은 영원히 반복된다. 이제부터 주식의 등락에 대한 사이클에 대해서 자세히 알아가보자. 상승장세의 투기 사이클부터 소개하겠다.

상승장세의
투기 사이클

하나의 조건을 설정해보자.

1. 시장이 불황이다.

2. 매도 포지션에서 수익을 낼 수 있는 가능성이 있다.

3. 아주 미미한 수준으로 가격이 다시 오르고 있다.

4. 반등을 예상하기에는 특별 요인이 없다.

이런 상황에서 일반적으로 사람들은 일부 전문

거래자들의 매매로 인한 일시적인 현상이라고만 생각한다. 물론 이 과정에서 매도 포지션에 있는 사람들은 이익을 본다. 주가의 등락이 활발하게 일어나는 투기적인 종목에서는 반드시 이익을 보는 사람이 있다.

이런 사이클에서는 대규모 투기 현상은 나타나지 않는다. 미미한 가격 상승 때문에 주식을 내다 팔려고 하는 사람은 거의 없다. 따라서 이런 정도의 반등에서는 큰 이익이 발생하지는 않는다. 하지만 전문 거래자들의 시선은 다르다. 전체 시장을 봤을 때 상대적으로 그 수가 적은 전문 거래자들에게는 사소한 주가 변동이라 하더라도 현재로서는 기대할 수 있는 최상의 상황이 된다. 이익이 조금이라도 확보되면 곧바로 이익을 실현하는 것이 최상의 방법이라고 생각하고 그 기회를 노린다. 주가가 조금만 오름세를 보여도 주식을 매도하여 이익을 실현하는 것이다.

한차례 주가가 오르는 상황을 가정해보자. 눈에

띄게 두드러진 움직임은 아니지만 그래도 오름세가 처음에 비해 3배가량에 육박한다고 한다면, 약삭빠른 일부 거래자들은 매수 포지션으로 돌아서지만 대중은 여전히 움직이지 않는다. 그리고 잠자고 있는 대부분의 이익은 여전히 실현되지 않는 상태로 남게 된다.

마침내 주가가 급격하게 치솟는다면, 일부 투자자들은 곧바로 추격 매수에 나선다. 장세가 활황으로 돌아섰다는 사실이 공공연하게 확인되면서 추가로 많은 거래자가 매수 포지션을 취한다. 대중은 주가가 일정 기간 동안 상승세를 멈추지 않을 것이며, 크나큰 광풍이 불지 모른다고 예측하기 시작한다. 그러나 당장 매수에 나서지는 않는다. 주가가 꺾이는 상황이 반드시 올 텐데 그때가 기회라고 생각한다.

하지만 그들의 예상과 다르게, 그들의 입장에서는 정말 이상하게도 주가가 꺾이는 타이밍은 좀처럼 오지 않는다. 주식을 사들일 적절한 타이밍을 잡지 못하는 것이다. 그러는 동안 주가는 더욱 가파르게 상승곡선을 그리며 치솟는다. 그러다 이런 상승세가 멈출 때가 있다. 그들이 바라던 타이밍이 온 것이다. 그런데 실제로 주가가 주춤하거나 꺾이는 상황이 오면 대중은 그 타이밍을 두고 이렇게 생각한다.

'이미 최고점을 찍은 것 아닌가?'

그렇게 매수 타이밍을 결정하지 못한다. 그리고 다시 주가가 오를 때는 그 속도가 더욱 빨라서 기다리던 사람은 시기를 놓쳐버리고 만다.

상승이 있으면 하락이 있는 법이다. 상승세가 점점 느려지고 곧 불황 장세가 올 것이라는 전망이 나오기 시작한다. 시장은 들끓는다. 주가에서 눈을 떼지 않고 있던 사람들은 언제라도 주가가 최고점에 도달하는 동시에 곧바로 추락할 수 있다고 생각한다. 하지만 아무리 불황 장세에 대한 전망이 지배적이라고 하더라도,

사람들의 심리는 주가 상승에 굴복하고 만다.

보통의 일반 투자자들은 바로 이 시점에서 유일하게 할 수 있는 일이 닥치는 대로 사들이는 것이라고 결론짓는다. 한동안 주가가 꺾이지 않을 거라는 믿음이 그들의 행동을 부추긴다. 이렇게 다시 한차례의 주식 매입의 파도가 일고, 그 결과 주가는 다시 최고점을 찍는다. 이 결과를 놓고 주식을 사들인 사람들은 자기들이 손쉽고 재빠르게 수익을 거두었다는 사실을 자랑스러워 한다.

누군가 주식을 사는 사람이 있으면 분명 주식을 판 사람도 존재한다. 정확하게 말하면, 100주의 주식이 매수되었다면 100주의 주식이 매도된 과정도 분명히 존재한다. 일반적으로 이런 국면에서 주식을 사는 사람의 수는 주식을 파는 사람의 수에 비해서 훨씬 많다. 주가 상승 국면의 초기에는 시장에 나오는 주식의 양이 적을뿐더러 여러 군데에서 분산되어 나온다. 하지만 상승세가 한동안 이어진 다음에는 주식을 가지고 있는 사람들 중에서 보다 많은 사람이 주가 상승에 만족하고 실질적인 이익으로 취하기 위해 주식을 내놓는다.

이때 주식을 파는 사람들은 주식을 대규모로 가지고 있는 사람이 아니다. 주식을 대규모로 가지고 있는 사람들은 보통 판단이 정확하거나 정보원천을 다양하게 확보하고 있어서 최대한의 이익을 실현할 수 있는 타이밍에 주식을 판다. 그것이 그들이 많은 돈을 벌 수 있는 이유다. 근거 있는 판단이나 고급 정보를 가지고 있기 때문에 주가 상승의 초기 단계에는 주식을 팔지 않는다. 이들은 주식을 가지고 있는 편이 오히려 큰 수익을 거두는 방법이라고 생각한다.

투자는 IQ와 통찰력 혹은 기법의 문제가 아니라
원칙과 태도의 문제다.

- 벤저민 그레이엄

희비가 엇갈리는
주식시장

　주가의 오름세와 하락세는 여러 조건에 따라 달라진다. 나라의 경제 상황도 그중 하나인데, 은행 이자율이 낮고 기업 활동이 활발하다면 활황 국면이 오래 이어지지만, 은행 대출이 쉽지 않고 거래 활동이 위축되는 상황에서는 주가 상승도 주춤한다. 경제적 여건이 좋지 않다면 주가 상승도 당연히 멈춘다. 그리고 활황 시장에서는 팔기 위해 내놓은 주식이 넘쳐날 때까지 주가 상승은 계속 이어진다. 팔기 위해 내놓은 주식이 많다는 것은 주가가 지나치게 높게 책정되어 있었다는 증거다.

　　주식시장은 투자자끼리 서로 싸움을 벌이는 경연장이라고 할 수 있다. 모든 투자자는 언제나 수익률을 가장 중요하게 생각한다. 때문에 주가가 올라갈 때 어떤 투자자는 자기가 목표로 삼았던 수익률을 달성하자마자 곧바로 주식을 팔아 이익을 취한다. 그리고 주식은 바톤터치를 하듯 장세를 낙관적으로 바라보는 투자자들의 손에서 손으로 넘어간다. 따라서 거래량이 그 어느 때보다 더 활발하게 늘어난다.

　　그런데 모든 사람이 주식을 사들이는 것처럼 보이는 때가 오기도 한다. 이때 주가는 혼란에 빠진다. 마지막까지 매도 포지션을 유지하던 투자자도 불안해할 정도로 주가가 뛰어오른다. 하지만 주가가 고공행진하고 있는 동안에도 아무도 모르게 서서히 주가를 떠받치는 힘이 빠져나간다. 또 어떤 종목에서는 모래바람이 휩쓸고 지나가듯 격렬한 움직임이 한차례 지나간다. 주식시장 곳곳에서 벌어지는 일이다.

그 후에 주가가 갑자기 크게 떨어지는 현상이 나타
난다. 그리고 주가는 다시 회복된다. 매수 포지션에 있
는 모든 사람은 안도하지만 매도 포지션에 있는 사람들
은 불만스러울 수밖에 없다. 그들은 그저 다른 사람들의
웃음거리가 되어버린다. 매일 희비가 교차하는 곳이 주
식시장이다.

신기하게도 주식은 새로 주식시장에 들어오는 모
든 이에게 이익으로 돌아갈 만큼 충분히 많은 것처럼 보
인다. 막 시장에 발을 담근 사람들은 주식 가격의 전체
평균이 아주 느린 속도로 상승하고 있다는 사실을 깨닫
는다. 주식을 사고파는 투자자들은 주식시장 안에서 주
식이 충분히 순환할 수 있다는 것을 알고 있다.

주식은 언제나 그렇듯이 시장 속으로 흡수되었다
가 다시 또 어디론가 흘러 들어간다. 거물들이 보유했던

주식을 완전히 털어내고 시장을 떠나는 일이란 없다. 이
들은 주가가 오르면 상대적으로 많은 주식을 가지고 있
고, 주가가 내려가면 상대적으로 적은 주식을 가지고 있
을 뿐이다. 공급 부족이라는 위험한 사태가 도래하기 훨
씬 이전에 주식이 새로 발행된다.

하락장세의
투기 사이클

주식시장에 일반 대중의 관심이 쏠려서 한차례 주식 거래량이 큰 폭으로 증가할 때가 종종 있다. 그럴 때면 불과 사나흘 혹은 일주일 사이에 엄청난 금액의 수익이 실현된다. 하지만 투기 규모가 크지 않을 경우, 주가는 몇 주 혹은 몇 달 동안 계속 최고치 부근에 머무른다. 그러나 거물들이 동시다발적으로 주식을 내놓는 순간이 오고 마침내 주가의 균형이 무너지면서 시장은 하락장세로 이어진다.

거물 투자자들이라고 해서 언제나 실패를 피해 갈 수 있는 것은 아니다. 이들은 흔히 너무 일찍 주식을 팔아 치우는 바람에 아쉬운 마음으로 주가 상승을 지켜보거나, 혹은 주식을 팔아야 할 시점을 놓치는 바람에 주식을 모두 처분하고 손을 털기까지 상당한 손해를 본다. 하지만 자본금이 두둑해서 회복력이 빠르다.

주가가 하락하는 것은 이전에 상승할 때보다 더 빠르게 전개된다. 여기저기 떠도는 공급 물량은 계속해서 투자자들의 손을 거쳐가는데, 물론 그때마다 더 떨어진 가격으로 거래된다. 때로 이 주식들이 어떤 고집불통 투자자의 손에 일시적으로 오래 머물러 있을 수 있다. 그 바람에 주가가 일시적으로 잠시 반등할 수도 있으나 주식의 무거운 짐이 여전히 시장에 남아 있는 한, 주가는 계속해서 떨어질 수밖에 없다.

투기에 능한 전문 투자자들이나 거물들이 다시 시장에 들어올 때까지는 투기 성향을 가진 평범한 사람들이 장세를 낙관하며 주식의 무거운 짐을 계속해서 끌어올린다. 월스트리트에서도 이런 유동적인 주식 공급의 양을 줄일 방법은 없다. 활황장에서는 장기 매매뿐만 아니라 단기 매매도 더욱 늘어난다. 단기 매매든 장기 매매든 상관없이 어쨌거나 파는 사람이 있으면 당연히 사는 사람도 있게 마련이기 때문이다. 갑작스럽게 시세가 폭락할 때는 환매가 끊임없이 이어진다.

하지만 대부분의 경우에 사람들은 시세가 높건 낮건 상관하지 않고 기회가 주어지는 대로 계속 투자한다. 평균적으로 볼 때 단기 수익은 주가가 낮을 때가 오히려 크다. 그러나 주가가 하락하는 동안에 최종적인 바닥 수준보다 이익이 더 많이 나오는 지점이 있을 수도 있다.

이 주가 하락 기간은 이전의 주가 상승 때와 마찬가지로 펀더멘탈에 따라 달라진다. 자금 압박이 심하고 향후 경제 전망이 어두울 때에 비해서 경제적인 모든 여건이 좋을 때 투자자나 투기 자본이 주식시장에 들어오는 발걸음은 훨씬 가볍고 또 쉽다.

주식을 사는 사람들은 보통 '염가 할인 판매'가 있기 전까지는 나타나지 않는다. 염가 할인 판매는 주가가 떨어질 때 손해가 있더라도 더 큰 손해를 막기 위해 주식을 내놓는 손절매를 방식을 통해 주식이 무거운 짐을 벗어던지는 것을 말한다. 증권거래소의 플로어 트레이더는 이 기회를 놓치지 않는다. 그리고 주가가 일제히 하락하는 현상이 나타난다.

싸게 살 수 있는 주식이 널려 있을 때 약삭빠른 거래자들은 이 주식들을 자기 주머니로 챙기느라 정신이 없다. 이 거래자들 가운데는 소규모로 하는 사람도 있고 대규모로 하는 사람들도 있지만, 대부분 대규모로 하거나 혹은 곧 그렇게 방식을 확장하려는 사람들이다. 하강 국면에서는 수많은 투자자들이 최후 저지선으로 한계치를 설정해놓기는 하지만 주가의 급격한 하락으로 이 한계치 역시 금방 무너져버린다. 이렇게 해서 그들이 산 주식은 사라지고 만다. 이 주식은 다음번 상승 국면에서나 다시 부상할 것이다.

추가 하락을 예상하는 공매도 주문이 쇄도해도 주가의 급격한 하락을 더 이상 막지 못한다. '염가 할인 판매'의 결말은 대형 단기 수익이며, 이로 인해서 일시적인 주가 반등이 나타나지만 가격 하락을 내다보는 사람들이 훨씬 더 많음으로 인해서 가격은 다시 주저앉아 무기력한 상태에서 벗어나지 못한다. 이 상태는 바로 투기 사이클이 처음 시작되었던 바로 그 단계이다.

희망과 공포 사이에서
주가는 결정된다

지금까지 정리한 현상들이 일어나는 기간은 경우에 따라 다르다. 일주일이 될 수도, 한 달이 될 수도, 1년이 될 수도 있지만 과정의 흐름은 기본적으로 동일하다. 대형 사이클 안에는 여러 개의 작은 사이클이 톱니바퀴처럼 돌아가는 방식인데, 이 작은 사이클 속에는 또다시 이보다 더 작은 사이클들이 끊임없이 돌아가고 있다. 그중 가장 작은 사이클에는 투자자들이 참가하지 않는다. 하지만 작은 사이클의 등락을 이끄는

힘 또한 근본적으로는 큰 사이클의 등락을 이끄는 힘
과 동일하다.

주식시장에서 투자자들에게 찾아오는 희망과
공포, 그 둘 사이에서 벌어지는 이동과 변주는 곧 시장
의 여러 조건들에 대한 정교한 판단에서 비롯하는 것
이 아니라 시장에서 각자가 자리 잡고 있는 위치에서
발생한 심리적인 태도에서 비롯한다. 이는 대중이 상
상력을 동원해서 현재 상황을 미래에 투사한 것이라
고도 할 수 있다.

주식시장에 영향을 주는 경제적 기본 요소들은
내가 이 책에서 다루고자 하는 관심사가 아니다. 이 책
에서는 주식시장 한가운데서 작용하는 여러 가지 심
리적인 요소들에 대해서 이야기한다. 그것들이 어떤
이유로 해서 발생하고, 또 그 결과로 주식시장에 어떤
변동이 있는지 추적해 나가는 것이 목적이다.

투자자를 위협하는 가장 큰 적은 감정과 편견이다.
잘못된 것을 믿고 있지는 않은지 항상 의심하고
사실에 근거하여 결정을 내려라.

- 켄 피셔

The
Psychology

2장

천장에서 팔지 말고
바닥에서 사지 마라

of
The Stock Market

투자한 돈이
말한다

　사람들은 이미 다수가 동의하는 내용에 대해 반대 입장을 제시하는 것을 어려워한다. 엘리베이터를 타더라도 사람들이 보는 방향으로 서게 되지, 반대 방향으로 서기는 어려운 것처럼 말이다. 이러한 사람의 특성은 주식시장에서 더욱 명확하게 나타난다. 주가는 장기적으로 볼 때 결국 대중의 일반적인 생각에 좌우된다는 사실을 앞서 살펴보았다. 하지만 여기서 우리가 간과하기 쉬운 한 가지 중요한 사실이 있다.

주식시장에서 나타나는 모든 결과는, 주식시장에 참여한 사람의 수가 아니라 투자된 돈의 규모에 따라 비롯된다는 것이다. 다시 말해 100만 달러를 주식시장에 투여한 한 명이 각각 1,000달러를 투자한 500명을 합친 것보다 2배나 큰 영향력을 행사한다는 뜻이다. 따라서 투자한 금액이 바로 주식시장을 움직이는 원동력이 된다. 주식시장에 뛰어든 사람의 수가 몇 명인지, 한 종목에 얼마나 많은 사람이 참여하고 있는지는 그 다음 문제다.

많은 사람이 천장에서 팔고 바닥에서 사는 것도 바로 이러한 이유 때문이다. 소액 투자자들은 필연적으로 주가가 천장에 있을 때 주식을 계속 보유한다. 주가가 바닥을 칠 때는 주식을 팔고 시장을 떠난다. 주가가 천장에 있을 때 주식을 계속 보유한다는 것은 여유자금이 있어서 그 자금으로 주식을 사들인다는 것을 의미한다.

100만 달러를 가지고 있는 사람의 경우를 살펴보자. 이 사람은 천장과 바닥에 대해 왈가왈부할 필요가 없다. 그럴 필요가 있었을 때는 이미 과거다. 현재는 그가 투자한 돈이 말한다. 하지만 1,000달러씩 가지고 있는 500명의 사람들은 마지막 순간까지 끊임없이 주식과 주가에 대해서 이러쿵저러쿵 실속 없는 말을 늘어놓는다. 이런 사람들이 선택하는 방향은 잘될 가능성보다 잘못될 가능성이 더 높다. 중심을 잡지 못하고 이리저리 휩쓸리기 마련이다. 주가가 투기적으로 오르내리는 동안에는 더욱 그렇다.

이는 '대중의 여론을 조작하는 주체'에 대한 찬사가 아니다. 경험이 많은 투자자들이라면 이것이 틀린 말이 아니라는 데 동의할 것이다. 주식시장에서 대중은 아주 일반적인 추론에 입각하여 선택과 결정을 내린다. 주가가 높을 때는 주식을 보유하려고 하고, 주가가 낮을 때는 주식을 파는 것 말이다. 언론 매체 또한 이러한 대중의 생각을 대변하여 일반적인 추론으로 만드는 데 일조한다.

    사람들은 보통 자기가 하는 사업이나 투자에 대해서 낙관적으로 바라보지만 다른 사람들이 하는 일에 대해서는 꼭 그렇지만은 않다. 부정적인 전망을 내놓을 때가 더 많다. 이는 전문 투자자들도 마찬가지다. 전문 투자자들은, 다른 사람들은 모두 잘못된 선택을 하지만 자신은 늘 정확한 선택을 한다고 믿는다. 대중의 의견이 아니라 제대로 시장을 분석하고 성공적인 투자를 이어가는 소수 투자자들의 의견을 중시한다. 그들이 대중의 의견에 대해 귀 기울일 때는 그 반대로 가기 위함이다. 대중이 활황 장세를 전망하고 기대한다면, 전문 투자자들은 그 가능성을 낮게 전망한다.

    사실 이러한 논리는 모순적이다. 전문 투자자들 스스로도 청개구리 같은 이러한 논리가 모순적이라는 사실을 알고 있지만 그것이 진리일 가능성 때문에 그들만 이해할 수 있는 회의주의에 빠진다. 정확한 사실일지라도 대중의 의견이라면 쉽게 믿으려 하지 않고, 시장에 대한 전망이 명백하게 그려져도 반대의 가능성을 떨쳐내지 못하는 것이다.

논리적인 성격이 아닌 사람이라면 스스로 함정에 빠져 무조건 반대를 선택하는 실수를 저지른다. 자신의 선택에 대한 믿음이 지나친 나머지 터무니없는 선택을 감행하기도 한다. 주가가 이유를 알 수 없이 비정상적으로 오르내리는 국면에는 이러한 배경이 숨어 있기도 하다. 하지만 비정상적인 움직임은 대부분 주가조작의 결과일 가능성이 높다.

호재가 있음에도
주가가 내려가는 이유

한 거래자의 상황을 가정을 해보자.

'시장의 주가는 오르고 소액 투자자들은 모두 낙관적인 전망을 이어가고 있다. 누군가 자신이 보유하고 있던 주식을 이 소액 투자자들에게 팔았던 것이 분명하다. 당연히 거물 투자자들은 자기가 보유한 주식을 팔았을 것이고 어쩌면 다가올 불황 장세를 이미 대비하고 있을지 모른다.'

이런 가정하에서 활황 장세 전망을 강력하게 뒷받침하는 어떤 뉴스가 보도된다면, 시장의 국면을 뒤집어놓을 수 있는 뉴스가 보도된다면, 이 거래자는 이렇게 말할 것이다.

"좋아, 바로 이거야! 이런 전망 때문에 시장이 급물살을 탄 거군! 지난번에는 이러한 전망이 없었지만 이번에는 뉴스까지 맞아떨어지는군!"

아니면 이렇게 생각할 수도 있다.

"매도 포지션으로 돌아서야 할 때인가?"

실제로 이런 생각으로 주식을 파는 것이다. 이러한 추론은 옳을 수도 있고 그렇지 않을 수도 있다. 하지만 이러한 추론을 하는 사람이 비단 한 명뿐이 아니라서 너도나도 주식을 팔기 시작한다. 호재를 알리는 뉴스가 있음에도 주가가 일시적으로 내려가는 현상이 있는 이유다. 일반인이 보기에는 주가가 내려가는 현상이 이해되지 않을 수 있다. 그래서 이렇게 생각해버리고 만다.

"작전세력이 손을 쓰고 있군."

그리고 일반인만 이렇게 생각하는 것이 아니다. 전문 투자자들 또한 어떤 종목의 주가가 올랐을 때 작전세력에 의해 주가가 조작되고 부풀려졌다고 생각하기도 한다. 불황 장세를 전망하는 소식을 접했을 때도 투자자들의 돈을 자기들에게 모이게 하려고 의도적으로 그런 소식을 유포하는 세력이 있다고 여기기도 한다. 결국 호재를 알리는 뉴스조차도 정반대로 해석하여 판단 근거로 삼는 것이다. 투자자가 경제와 금융의 흐름에 대해서 읽지 못하고 시장의 전반적인 상황에 대해서 수박겉핥기 식으로 알고 있다면, 더욱이 자신만의 원칙이 없다면 이런 터무니없는 결론에 빠지게 된다.

자신의 판단이 정확하다고 확신한다면 좋은 소식이 있을 때 액면 그대로 받아들이고 단기 매매의 근거로 활용할 수 있다. 호재가 진짜 호재인지 구분하기 위해서는 경제와 금융의 흐름, 시장의 전반적인 상황을 여러 조건들과 비교해볼 줄 알아야 한다. 그리고 상황에 대한 사람들의 전반적인 심리적 태도가 어떠한지도 파악하면서 나 자신의 포지션을 선택해야 한다. 그러면 매수와 매도 포지션을 오차범위 내에서 놓치지 않을 수 있다.

구체적인 호재를 접했을 때 매수 포지션에 있는 사람들은 세 가지 예측을 한다.

1. 보통 액면 그대로 받아들여 활황 장세가 이어질 것이라 판단한다.

2. 보다 경험이 많은 사람은 이렇게 생각한다.

'사람들이 정말 주식을 모을 생각이 있다면, 자기 주식 중개인을 통해서 드러내놓고 매입하지 않고 보다 은밀한 방식으로 매입했을 것이다. 그러므로 저들은 궁극적으로 주식을 매입하고 보유할 의지가 없다고 볼 수 있다.'

3. 신중한 사람은 한 번 더 생각한다.

'사람들이 자기 주식 중개인을 통해서 드러내놓고 매입하는 것은 다른 투자자들을 혼란에 빠뜨리려는 술책이다.'

하지만 그는 반대의 반대, 즉 이중 반대 추론을 하는 바람에 보통 사람처럼 활황 장세가 이어질 것이라고 판단한다.

투자에 있어서 수익과 손실은
분리할 수 없는 동전의 양면과 같다.
실패에 대한 면밀한 분석만이
성공적인 투자를 이루는 유일한 방법이다.

- 앙드레 코스톨라니

거물들은
감추지 않는다

대형 주식 중개 회사가 공개적으로 주식을 대량으로 매수하거나 매도하려고 나섰을 때 거래자들의 추론은 훨씬 더 복잡해진다. 만일 이 회사가 5만 주를 매수하려고 하면, 다른 거래자들은 기꺼이 자기 주식을 매도한다. 그러면서도 주식시장의 상황에 대한 견해는 바꾸지 않는다. 그 회사가 어느 정도 이익을 본 다음에, 심지어 한두 시간 뒤에 그 5만 주를 팔려고 내놓을 것임을 알기 때문이다.

거물들은 빠르고 쉬운 거래를 하기 위해서, 또 불필요한 의심을 사지 않기 위해서 대형 주식 중개 회사를 통해 주식을 거래한다. 그렇기 때문에 이런 종류의 대형 거래를 놓고 민감한 주식 거래자들은 이러저러한 생각을 펼치며 자신의 투자 행위를 조율한다.

이 반대 추론은 특히 대규모 매수나 매도가 이루어질 때나 주가가 천장이나 바닥에 있을 때 유용하다. 주가가 어느 정도 상승곡선을 그리면서 여러 가지 호재가 나타남에도 불구하고 주가가 더 이상 움직이지 않을 때는 주식시장에 주식이 가득 차 있다고 볼 수 있다. 악재가 여러 가지 나타날 때도 마찬가지로 주가가 더 이상 내려가지 않는다면 주식시장에 주식이 없다고 볼 수 있다.

호재와 악재, 상승과 하락, 천장과 바닥, 어느 지점에 있더라도 거물들은 자기 포지션을 숨길 이유가 전혀 없다. 그래서 주식을 최소한으로 매입한 뒤부터는

주가를 끌어올리는 선두 주자의 임무를 기꺼이 떠맡
으며 사람들에게 어떻게 움직일 것인지, 자신의 포지
션은 무엇인지 알리고자 노력한다. 이 같은 노력은 드
디어 주식을 팔 준비를 모두 마칠 때까지 계속된다.
그런 다음에 주식을 팔아서 이익을 챙기는 것이다. 만
족스러울 만큼 충분히 이득을 취했다면 이후에 주가
의 추가하락이 몇 달 혹은 1년 이상 지속된다 하더라
도 그들에게는 자신의 포지션을 감출 이유가 없는 것
이다.

호재와 악재를
어떻게 바라볼 것인가

경험 없는 투자자라면 상승장에서 돈을 벌 수 있다. 경험이 없기 때문에 현상과 호재를 그대로 받아들여 돈을 번다. 하지만 전문 투자자는 상승장에서 오히려 손해를 보기도 한다. 지나친 신중함 때문이다.

주식 거래에서 성공하려면 언제 반대 추론을 해야 할지, 그리고 또 언제 포지션을 바꾸어야 할지를 구분해내는 것이 관건이다. 이런 시점을 잘 파악하고 있는 사람은 흔히 유연함을 유지하는 본능적인 감각을 가지고 있다. 하지만 초보자에게는 이런 추론은 매우 위험하다. 왜냐하면, 일어날 수 있는 어떤 일에 대해서 언제나 전혀 다른 해석이 가능하기 때문이다.

호재는 먼저, 주가 상승의 지표가 될 수도 있다. 또한, 작전세력들이 자신들의 보유 주식을 팔아 치우려고 기반을 조성하는 작업임을 암시할 수 있다. 악재 역시 시장 상황이 실제로 나빠질 것을 예고하는 것일 수도 있고, 주식을 낮은 가격에 매입하려는 어떤 세력의 계획일 수 있다.

그러므로 경험이 없는 거래자로서는 매우 위험한 처지에 놓이게 되는 셈이다. 산전수전 다 겪은 전문가의 말 한마디에 묻어가려다가 오히려 큰 손해를 입을 수 있다. 모든 일과 사건을 호재와 악재로 동시 해석할 수 있는 상황이라면, 자기 논리를 동원하여 주식시장의 현재 조건들을 분석하려는 시도가 과연 무슨 도움

이 될까? 실제로 어떤 경험 많은 투자자가 명백한 사
실을 놓고 있는 그대로 믿지 않는다고 가정해보자. 하
지만 그의 이런 태도가 장기적으로 볼 때 유리하다고
만은 볼 수 없다. 그동안 쌓아온 경험이 오히려 독이
돼버리고 마는 것이다.

때로는 있는 그대로
바라보는 것이 낫다

객장 의자에 앉아 하염없이 스크린을 바라보는 사람들을 자세히 들여다보면 안타까운 처지가 너무나도 많다. 이 사람들의 판단은 계속적으로 틀려서 상승곡선을 피해갔다. 그 때문에 엄청난 손해를 보았음에도 불구하고, 이들은 무엇을 보든지 간에 늘 '보이지 않는 의미'를 찾아내려고 애쓴다. 누구의 말도 절대 상식적으로 받아들이지 않고, 있는 그대로 믿지 않는다. 늘 반대의 가능성을 생각하다 보니 결국에는 무엇이 확실한 진짜인지, 무엇이 저버려야 할 가짜인지 가려내지 못하는 착란에 빠지기도 한다.

어쩌면 보이는 그대로 바라보고 생각하는 것보다 더 좋은 길은 없을지 모른다. 사안을 신중하게 바라보는 것은 좋지만 한쪽만 보고 다른 한쪽은 보지 못하는 상태라면, 복잡하고 어려운 추론이 무슨 소용이겠는가. 현재 주식시장에서 하나의 포지션을 취하고 있다면, 명백한 사실들을 해석할 때 지나치게 논리의 치밀성을 추구하지 말라. 실패할지도 모른다는 두려움만 커진다.

당신이 매도 포지션을 취하든 매수 포지션을 취하든 당신은 편견에서 완전히 벗어난 투자자가 아니다. 따라서 어떤 사건이든 당신이 진작부터 가지고 있던 어떤 생각과 일치하는 방향으로 해석하고자 하는 경향을 보일 것이다. 그것 자체가 실패의 원인이 된다고 보기는 어렵다. 하지만 명백한 호재에도 근거 없이 자꾸만

반대의 선택을 하려고 한다면 실패의 원인이 된다.

한창 주가가 오른 뒤에, 주가가 계속적으로 올랐으면 하는 마음은 소망일 뿐이다. 그에 대한 구체적인 근거가 없는데 스스로 만들어내기까지 하는 행동은 지양해야 한다. 주가가 내려갈 때도 마찬가지다. 주가가 높을 때 호재를 믿지 말고, 주가가 낮을 때 악재를 믿지 말라.

어떤 뉴스라도 보통 주가가 상당한 정도로 움직이는 방향은 하나뿐이다. 만일 어떤 뉴스가 나오기도 전에 소문이나 기대로 인하여 주가의 움직임이 일어난다면, 정작 그 뉴스가 나오고 나면 주가가 추가로 더 움직일 가능성은 별로 없다. 하지만 만일 주가가 미리 움직이지 않았다면, 그 뉴스가 세상에 드러날 때 주가는 반드시 움직인다.

성공한 투자자는
생각을 바꾸는 것을 두려워하지 않는다.

- 레이 달리오

The
Psychology

3장

그 사람들

of
The Stock Market

'그 사람들'에 관한
이야기

투자에 대해서 아무것도 모르던 사람이 주식시장에 발을 들여놨다고 해보자. 먼저 그는 주가 변동의 요인에 대한 정보를 얻으려고 객장 주변을 며칠 동안 탐색했다. 시간이 지난 후 그가 듣고 본 것 중에서 가장 궁금해할 것은 무엇일까? 그것은 바로 '그 사람들'이 도대체 누구인가 하는 것이다.

우리는 '그 사람들'이 누구인지, 한 사람인지, 집단인지, 어떤 특성을 가지고 있는지 알지 못하지만 존재한다는 것을 안다. 온갖 정보를 다 섭렵하고 있는 것처럼 보이는 주식 중개인들도 '그 사람들'이 다음에 어떤 선택을 할지 초미의 관심사로 추적하며, 또 그 결과를 사람들에게 전달하기 위해 발빠르게 움직인다.

초보자이건 전문가이건 가리지 않고 모두 '그 사람들'이 철강 종목을 사들이고 있다거나, 아니면 출판 종목을 내다 팔고 있다는 사실에 주목한다. 주식시장의 이러저러한 관련자들이 '그 사람들'이 주가를 올릴 것이라는 혹은 하락시킬 것이라는 이야기를 들었다며 주변인들에게 정보를 공유할 수도 있다. 심지어 매우 신중한 투자자들도 비록 현재의 장세는 하락세이지만 '그 사람들'이 자기가 보유하고 있는 주식을 처분하기 위해서는, 일시적으로 주가를 끌어올릴 수밖에 없을 것이라는 정보를 신뢰한다.

거의 이론처럼 여겨지는 '그 사람들'에 관한 이야기는, 초보자들뿐만 아니라 승승장구하는 거래자들 사이에서도 자주 거론된다. 물론 초보자들 사이에서 그 영향력이 더 크다. 이런 현상에 대해 근거를 대라고 주장할 수도 있다. 물론 근거를 대기가 쉽지는 않다. 하지만 실제로 이런 현상이 존재한다는 것만은 누구도 부인할 수 없는 것이 사실이다. '그 사람들'이 신화로만 존재하든 아니면 실제로 존재하든 상관없이 많은 사람들이 언제나 '그 사람들'의 존재를 상정해놓고, 거의 이론처럼 관점을 취하여 시장을 연구하고 해석을 내놓으면서 수입을 얻기도 한다.

그런데 월스트리트에서 일하는 다양한 사람들에게 '도대체 그 사람들이 누구냐고' 물어보면 아마 대답하는 사람마다 내용이 모두 다를 것이다. '모건 사람들'이라고 하는 사람도 있고, '스탠더드 오일 집단'이라고 하는 사람도 있으며, '은행 VIP들'이라고 하는 사람도 있다. 또 '거래소에 몸담고 있는 전문 거래자들'

이나 '자기들끼리 협력 관계를 형성하고 있는 기업들'이라고 하는 사람도 있고, '냉철한 판단력으로 좀처럼 실패하지 않는 투자자들'이라고 하는 사람도 있다. 주식을 사거나 혹은 팔기 위해서 서로 경쟁하는 거래자들이라고 하는 사람도 있다. 이 모든 것은 너무 포괄적이지만 어쨌든 '그 사람들'의 존재를 믿는 사람들은 주식의 가격 변동 이유가 '그 사람들'의 행보 때문이라고 생각한다.

내가 아는 어떤 사람은 주식시장에 대해서 대단한 지식과 재능을 가지고 있음에도 '그 사람들'의 존재에 대해 확신한다. 모종의 집단을 어떤 방식으로든 대표하는 한 개인이 뉴욕 주식시장의 전체를 좌지우지한다고 믿는다.

그러나 주식시장을 지배하는 그 어떤 힘이 있다는 것을 확인하거나 추적하는 일은 불가능하다. 전 세계의 증권 시장이 하나로 엮여서 움직이기 때문에 이런 힘이 존재한다면 아마도 세계의 주요 증권시장들을 모두 지배하는 거대한 규모의 어떤 이익 집단일 것이다. 정말로 강력한 힘과 권위를 지니고 있는 어떤 집단이 자신들의 입맛에 맞게 시장의 흐름을 좌우하고 있다면, 그에 상응하는 능력이 있어야 그것을 파헤칠 수 있을 것이다.

'그 사람들'은
누구인가

'그 사람들'이라는 개념에 대해서 세 가지 측면으로 살펴볼 수 있다. 첫째, '그 사람들'은 실제로 주식 거래소에서 주가를 결정하고 또 어떤 종목을 지배하기 위해서 서로 연합하는 일에 직접 관여하는 거래소 직원일 수 있다. 일반인들은 대개 이렇게 생각한다. 또 개별적으로 시장의 시세를 조작하는 사람들이라고 생각하기도 한다.

거래소 직원들은 가격의 즉각적인 움직임에 중요한 영향력을 행사한다. 예를 들어, 이 사람들이 현재 철강 종목의 매물이 별로 없다고 판단했다고 해보자. 가격 하락 추이가 심각하지 않아 소량 선주문으로 해소되는 정도라면, 이들은 시장에서 대변동이 일어나지 않는 한 철강 종목의 가격이 그다지 많이 내려가지 않을 거라고 짐작한다.

그리고 아주 당연한 일처럼 이들은 철강 종목의 주식을 사들이기 시작한다. 몇백 주짜리 매물이 나오자마자 다른 사람들이 손대기 전에 얼른 낚아챈다. 이처럼 시장에서 철강 주식이 나오자마자 빠르게 사라지는 일이 반복되다 보면 철강 주식은 점차 귀해지고, 거래소 직원들은 주가의 상승을 예견하며 장기 보유전략을 채택한다. 그리고 가격을 올리기 시작한다. 이일은 어렵지 않다. 왜냐하면 당분간 그 주식의 주가가 오르기를 바라는 사람들만 있기 때문이다.

시장에서 파는 가격이 81달러 25센트이고, 사겠다는 가격이 81달러 10센트라고 치자. 주식을 팔자 100주는 81달러 25센트에 나왔지만 200주는 81달러 75센트에 나와 있다. 얼마나 많은 매도 물량이 81달러 50센트 혹은 그보다 더 높은 수준에서 팔리기를 기다리고 있을지에 대해서 거래소 직원들도 확신할 수는 없다. 하지만 약삭빠르게 추측할 수는 있다. 한 명 혹은 몇 명의 거래자들이 나서서 이 가격 수준에 나온 주식 500주를 사면서 시장의 가격을 81달러 50센트로 올린다. 다른 직원들은 이 가격 수준에서 얼마 되지 않은 이익을 보려고 보유 주식을 팔지는 않는다. 이들은 기다린다.

기다리면서 이들은 가격의 움직임에 따라서 외부에서 주문들이 계속 이어지는지 주시한다. 그리고 만일 상당한 양의 매수 주문이 들어오면 그때 다시 가격을 81달러 60센트, 75센트로 올린다. 그리고 다음 날 혹은 1시간 뒤에 다시 가격의 변동과 주문의 추이를 지켜본다. 이런 방식으로 가능한 한 모든 기회를 포착하는 방법으로 이들은 무리를 해서 더 많은 양의 주식을 보유하지 않고서도 주가를 올린다.

만일 이런 움직임에 가속도가 붙는다면, 철강 종목의 향후 전망에 대한 특별한 변동이 없다 하더라도 10포인트까지는 쉽게 올라간다. 하지만 이 종목에서 대량으로 매도 주문이 나올 경우 기대하던 가격 상승은 물거품이 되고, 거래소 직원들은 적은 이익에 만족하거나 혹은 손해를 보아야 한다.

가격 조작을 위한 연합 혹은 담합은 시장 바깥에 있는 사람들이 생각하는 것처럼 그렇게 흔하지 않다. 주식시장에서 연합이 형성되어 성공적으로 제 역할을 하려면, 한두 가지가 아닌 어렵고 복잡한 문제들이 선결되어야 한다. 만일 어떤 종목에서 한정적인 연합이 존재한다면, 이 연합 집단의 시장 활동은 사실상 보다 좁은 범위에서 그리고 그저 공통적인 관심사에서 비롯된 느슨하고 자발적인 연합의 형태로 거래소 직원

들이 채택할 수 있다고 가정해본 여러 가지 방법론과
동일한 것이다.

　　다른 것이 있다면 보다 폭넓은 범위에서 그리고
구속력을 가지는 합의하에 진행된다는 점이다. 이를
집단적인 행동으로 본다면, 개별적으로 시세를 조작하
려고 하는 개인들은 각기 한 사람으로 이루어진 연합
이라고 할 수 있다.

수익을 내는 사업을 볼 때 어떤 생각을 하는가?
그 수익의 진정한 근원과
근원을 흔들 수도 있는 변수가 무엇인지도 생각하라.

- 찰리 멍거

'그 사람들'은
거물이다

'그 사람들'에 대한 두 번째 추측은 이렇다. 여러 개의 중요한 종목들에서 동시에 작전을 펼치는 강력한 자본가들의 연합이라는 것이다. 적지 않은 수의 사람들이 이렇게 생각하지만 이러한 연합이 존재한다는 것도, 존재하지 않는다는 것도 증명하기는 어렵다. 존재를 증명하기 어렵다는 점은 오히려 '그 사람들'에게는 유리한 대목이다. 그러나 하나의 거대한 연합이 한동안 실질적으로 시장을 지배하고 다른 연합들은 그저 관망하거나, 어느 정도의 이익을 얻는 데 만족하거나, 그 국면이 해소될 때까지 기다렸던 경우가 많았다.

어떤 일시적이고 제한적인 목적을 위해서 이런 연합들 사이에 한정적인 합의가 형성될 수 있다. 자신들의 이익관계를 위해 뜻을 모으는 사람들, 소위 연합들은 자본을 통제한다는 단 하나의 공통 관심사를 가지고서 느슨한 형태로 묶일 수 있다. 이런 조직은 군법회의를 통해서 배신자나 반역자에 대하여 가차 없이 사형을 집행하는 철의 규율을 가진 군대 조직이 아니다. 강제적인 수단이 아니라 합의를 통해서 운영될 뿐이다.

이 조직에서도 물론 배신자는 재정적으로 사형 선고를 받을 수 있다. 그러나 주식시장에서 누가 배신행위를 했는지 일반적으로 쉽게 알아낼 수 없다. 배신자가 배신행위를 통해서 엄청나게 거대한 규모로 이익을 챙기지 않는 한 배신행위를 제대로 간파할 수 없기 때문이다.

이 두 번째 관점에서 볼 때 '그 사람들'은 시장에서 늘 활동하지는 않는다. 이들은 미래가 어느 정도 확실하게 예측 가능할 때만 작전에 들어간다. 미래가 불확실할 때, 그리고 정치적인 요소나 경제적인 요소들로 혼란스러워 예측이 불가능할 때, 시장에서 선도적인 위치를 차지하고 있는 집단들은 개별적인 거래만 하고 폭넓은 작전을 펼치는 것은, 확실한 근거를 발견하고 그것이 모두의 동의를 얻은 다음의 일이다.

'그 사람들'은
사실 모든 투자자다

　'그 사람들'에 대한 세 번째 추측에는 나도 당신도 포함되어 있다. 전 세계 곳곳에서 활동하는 모든 개인 투자자라는 추측이다. 일반 투자자들은 주식거래소의 가격 등락에 각자 자기 나름대로 영향을 끼치고 기여한다. 이런 의미에서 보자면, '그 사람들'이 존재한다는 사실 그리고 이들이 주가를 결정하는 최종적인 존재라는 사실은 의심할 여지가 없다. 다른 말로 표현하자면, 이 사람들이 증권을 궁극적으로 소비하는 '그 사람들'이라는 말이다. 정체를 알 수 없는 어떤 집단의 움직임이 주식시장을 좌우한다고 믿고 있지만 실은 자기 자신도 거기에 포함되어 있는 셈이다. 모든 사람이 언젠가는 자기가 가지고 있는 주식을 팔려고 계획하는 대상은 바로 '그 사람들'이라는 것이다.

법칙에 얽매이지 말라

투기와 투자의 과학은 단순하게 바라보면 아무짝에도 쓸모가 없다. 나는 여태까지 사람들이 맛본 실패가 이러한 오류에서 비롯했다고 생각한다. 전직 수학 교수였던 A. S. 하디는 수학은 통찰력을 배양하지 않기 때문에 정신적인 훈련을 하는 데는 그다지 도움이 되지 않는다고 말했다. 어떤 전제들이 주어지면 수학자들은 이 전제에 기초하여 정확히 딱 떨어지는 결론을 이끌어낼 수 있다. 하지만 실생활에서 가장 중요한 것은 결론 그 하나가 아니라 그 결론을 이끌어내기 위한 전제들을 어떻게 찾아내느냐 하는 것이다.

수학적인 관점으로 시장에 접근하는 사람들은 늘 어떤 법칙을 찾는다. 즉, 흔히 말하는 '확실한 것'을 찾는다. 하지만 나는 주식시장을 실천적인 대상으로 바라본다. 과학적인 방법론들은 주식투자뿐만 아니라 모든 종류의 사업에 적용될 수 있다. 이것은 주식시장에서의 주가 등락을 수학적으로 확실하게 예측하려고 노력하는 것과는 전혀 다르다.

그러므로 주식시장의 전망을 예측하거나 투자를 결정할 때는 명백한 현실에다 어떤 정교한 이론들을 적용해볼 생각은 하지 말아야 한다. 명백한 현실은 명백한 현실 그대로 바라보고 받아들여야 한다. 분석하고 명명하는 것이 아니라 경험하고 실천하는 것이 주식시장의 방식이다.

주식시장은 적극적인 자에게서 참을성이 많은 자에게로
돈이 넘어가도록 설계되어 있다.

- 워런 버핏

말에게 억지로
물을 먹일 수는 없다

말을 억지로 물가로 끌고 갈 수는 있어도 강제로 물을 먹일 수는 없다는 말이 있다. 주식시장에서도 마찬가지다. 한 억만장자가 어떤 주식의 주가를 높일 수는 있다. 하지만 '그 사람들'이 구매력이나 구매 의사를 가지고 있지 않는 한 억지로 '그 사람들'이 주식을 사게 할 수는 없다. 마치 말을 몰고 가듯이 '그 사람들'을 한 방향으로 유도할 수도, 하나의 주식을 사게 할 수도 없다. 당연히 이런 방식으로 '그 사람들'의 정체를 분석할 수도 없다. 주식시장의 흐름이 보인다는 것은, 그들이 어떤 주식을 많이 사고 많이 파는지 그 양상이 보인다는 말이다. 제대로 흐름을 볼 줄 알게 되어도 정답은 시시각각으로 변한다.

주식시장 전체를 아우르는 어떤 작전이 진행되고 있을 때 '그 사람들'에 관한 이론은 주식을 살 것인가 혹은 팔 것인가를 결정하는 데 상당한 도움이 된다. 실제로 최근의 활황 장세에서 가장 많이 듣는 말이 바로 이런 것이다.

"지금 가격이 많이 올랐지만 앞으로도 계속 활황일지는 알 수 없습니다. 현재 주식은 '그 사람들'의 손바닥 안에 놓여 있거든요. 그들이 자기들의 주식을 팔기 위해서 시장 조건을 형성하려면 아마도 가격을 더 끌어올릴 것으로 예측합니다."

일부 투자자들은 이런 노련한 베테랑들의 움직임

이 포착되기만 하면 곧바로 보유 주식을 모두 팔아 치운다. 비슷하게, 불황 장세가 상당 기간 이어지면 누군가 어려움을 겪고 있으며 '그 사람들'이 주식을 충분히 매집할 때까지 주가를 계속 떨어뜨릴 것이라는 말이 퍼진다.

이 모든 것은 이 세상에서 가장 잘 속는 존재, '묻지마 투자자'의 착각일 수도 있다. 어쩌면 그럴 가능성이 훨씬 높다. 주식의 가격이 여러 가지 상황이나 조건에 비추어 볼 때 어떤 합리적인 이유나 근거도 없이 터무니없이 높을 때에도 어떤 사람들은 '그 사람들'의 향후 행보를 염두에 두고서 주식을 사들인다. 혹은 최소한 주식을 대규모로 사들이지는 않는다 하더라도 '그 사람들'의 행보가 두려워서 팔아 치우지는 못한다.

하루하루의 거래량을 분석하고, 보유하고 있는 주식의 총량 등 시장의 온갖 기술적인 조건들을 분석하는 데 치중하는 사람은, '그 사람들'이 다음에 선택할 것이라고 생각하는 행동을, 자기가 취할 행동을 결정하는 데 매우 중요한 근거로 삼는다. 이 사람은 '그 사람들'을 거래소 직원들, 연합 그리고 개인 시세 조작자 등으로 생각한다. 시중에 떠도는 뉴스나 소문에 흔들리지 않고 또 시시때때로 변하는 시장 상황에 크게 영향을 받지 않기 때문에 비록 미숙해 보일 수 있지만 이런 접근을 통해 상당한 도움을 얻는다.

'그 사람들'도
결국 돈을 쫓는다

시장이 가장 약해 보일 때, 악재가 넘쳐날 때 그리고 불황의 징조가 도처에 널려 있을 때가 바로 매수 타이밍이라는 것은 일반인들도 다 알고 있다. 그런데 만일 어떤 사람이 최악의 상황을 예상한다고 해보자. 몇몇 최악의 악재들이 터져서 전 세계의 주식시장에 매도 주문만 쏟아지고 매수하는 사람을 찾기 힘든 상황이 전개되리라고 예상할 때 타이밍이라고 생각하는 것이 가능할까? 선뜻 주식을 사들일 용기를 낼 수 있을까? 더 하락할지도 모르기 때문에 심리적으로 불가능한 것이다.

　고민에 빠져 있던 그가 이제 '그 사람들'이 주가를 떨어뜨리기 위한 마지막 작전을 펼쳤으며 곧 주가가 오르기 시작할 것이라고 생각한다면, 용기를 내어 주식을 사들일 수 있다. 그의 판단이 옳을 수도 있고 그를 수도 있다. 최소한 그는 천장에서 사고 바닥에서 파는 상황은 피하는 셈이다.

　평균적인 거래자들의 심리에 '그 사람들'이라는 모호한 개념이 자리를 잡는 이유는 '그 사람들'이 주식시장을 통해서 자신을 드러낼 때만 문제가 제기되기 때문이다. '그 사람들'이 구체적으로 누구인지에 대해서 알고 싶어하는 이유는 그래야 그들이 어떤 심리로 투자를 하는지 예측할 수 있다고 생각하기 때문이다. 하지만 주식거래소의 직원들처럼 같은 분야에 종사하는 사람들이 아니라면 각양각색의 사람들이 서로 이익관계의 교집합을 이유로 모인 것이기 때문에 그들의 행보를 예측하기는 어렵다. '그 사람들'이 누구인가 하는 것이 중요한 것이 아니라 '그 사람들'이 어떤 주식을, 어떤 시기에 사고팔 것인가가 주된 관심의 대상인 것이다.

그러나 어떤 상황에 대한 구체적이고 끈질긴 분석은 늘 모호한 일반화보다 더 낫기 때문에, 주식을 거래하는 사람은 자기 마음속에서 '그 사람들'을 몰아내는 것이 좋다. '그 사람들'이라는 말이 어떤 구체적인 대상을 지칭하지 않는 한 큰 의미가 없다. 다만 그들 또한 '돈'을 쫓는다는 것을 기억하라.

'그 사람들'이 무엇을 할 것인지 그저 감각만으로 예측해서는 절대 시장의 기술적 조건들을 제대로 파악할 수 없다. 시장에 관심을 가지고 이해가 얽혀 있는 모든 사람들이 시장에 대해서 어떤 태도를 취하는지는 절대로 알 수 없다. 그러나 매수와 매도의 배경과 이해관계, 여러 계층의 사람들을 자극하는 여러 가지 동기들, 그리고 장기 보유와 단기 매매의 현재적인 의미와 특성들은 시기마다 분류할 수 있다.

간단하게 말하면, 설령 기술적인 분석에 입각해서 투자 결정을 내린다 하더라도 시장을 충분히 관찰하고 연구하면, '그 사람들'에 대한 나름의 추측을 머릿속에 그려둘 수 있으며, 이것이 필요한 작업이라는 것이다. 시장을 움직이는 다수의 영향력이 있다면 그들이 어떤 이들인지 생각하면서 움직여야 하는 것이 당연하지 않은가. 결론적으로 말하자면, '그 사람들'을 지나치게 두려워하지 말아야 하는 동시에 '그 사람들'이 앞으로 시장에서 어떤 행보를 이어갈지 늘 주의 깊게 바라보아야 한다.

4장

시장에
흔들리지 않는 태도

항상 유연하게 생각하라

경험이 없는 중개인이나 투자자들은 물론이고 심지어 경험이 풍부한 사람들 가운데도 많은 수가 지나간 과거의 일에 끊임없이 매달리는 것이 현실이며, 그렇기에 더욱 놀랍다. 예를 들어서 철도 종목의 순수익이 꾸준하게 큰 폭으로 올랐다고 하자. 초보자들은 이렇게 생각한다.

"수익이 늘었다는 것은 그만큼 배당이 많아진다

는 것을 의미한다. 그러므로 주가는 반드시 오른다. 이 주식을 사야겠다."

하지만 전혀 그렇지 않다. 이렇게 추론해야 옳다.

"주가는 이미 예상 수익 증가분을 반영해서 충분히 올랐다. 이제 어쩌면 다른 요인들에 의해 가격이 조정될 수도 있다. 앞으로 어떻게 될까?"

현재 존재하는 조건이 앞으로도 계속될 것이라는 가정은 인간이라면 어쩌면 당연히 가지게 되는 자동적인 믿음일지도 모른다. 인생을 바라보는 태도도 필연적으로 이런 가정을 전제로 한다.

밀의 가격이 올라가면 농부는 보다 많은 벌이를 예상하며 밀 재배 면적을 늘린다. 반대로 가격이 내려가면 재배 면적을 줄인다. 언젠가 한 번은 토마토를 기르는 농부와 이야기를 나눈 적이 있는데, 이 농부는 방

금 말한 이런 전략과 정반대의 전략을 채택해 큰돈을
벌었다고 했다. 다른 농부들과 반대로 가는 것이 옳다
고 생각하고 토마토 가격이 낮을 때 재배 면적을 늘렸
고, 가격이 높을 때 재배 면적을 줄였던 것이다.

매일 아침,
자신의 기준점을 점검하라

평균적인 사람은 분석적인 태도를 취할 때 축복받지 못한다. 축복은커녕 어쩌면 저주를 받는다고 볼 수도 있다. 우리는 마치 뿌연 유리창을 통해서 건너편을 바라보듯이 어렴풋하게 밖을 바라본다. 우리의 관념들은 늘 모호함으로 둘러싸여 있고, 우리의 추론 능력은 어떤 고정된 틀 안에서만 작동한다. 이 틀을 벗어나기 어렵다. 벗어나려면 고통스러운 과정을 거쳐야 한다. 사실 우리가 드러내는 감정의 표현이나 행동 가운데 많은 것들이 외부의 자극에 자동적으로 반응하여 나타난다.

이것을 증명할 사례는 널려 있다. 아침잠을 깨우는 자명종에 대해서 우리가 느끼는 적대감도 이런 사례로 꼽을 수 있다. 잠자리에 들기 전에 혹시 늦게 일어나서 중요한 약속이나 일을 처리하지 못할까 초조해하면서 자명종이 울릴 시간을 맞추어 놓지만, 정작 자명종이 울어 대면 욕을 하고 투덜거린다.

지하철에서 기차가 지연되면 기다리고 있던 10명 중 9명은 목을 길게 빼고 선로를 바라본다. 이때 약속 시간에 늦을지도 몰라서 초조한 사람들은 자기 행위로 인해서 기차가 조금이라도 일찍 나타나는 데 도움이 된다고 믿는 것처럼 최대한 긴장한다. 사실 기차의 도착 시간은 기다리는 사람의 태도와 아무런 상관이 없는데도 말이다. 일반적으로 우리는 어떤 목적을 달성하기 위해서 분석하거나 계산하는 대신, 전혀 도움이 되지 않는 것에 물리적·정신적인 에너지를 쓸데없이 쏟아붓는 경향이 있다.

특히 주가와 같은 복잡한 문제에 대해서는 더욱 그렇다. 문제가 어려우면 어려울수록 그리고 그 문제에 대해서 예측하기 어려우면 여려울수록 심리에 지배되기가 쉽다. 여러 경로를 통해 우리는 온갖 잡다한 정보들을 받아들이고 이를 통해서 현재의 장세가 활황인지 불황인지 결론을 내린다.

우리가 어떤 판단을 내릴 때 현재의 모습을 미래의 모습으로 착각하는 어리석음을 자주 저지른다. 당장 주식 전문가 중 아무나 붙잡고 주가가 최고점에 도달했다는 논리적인 결론을 내릴 수 있는 때가 언제인지를 물어보라. 십중팔구는 앞으로도 주가가 더 오를 것을 예상하거나 암시하는 보도가 쏟아지는 때라고 말할 것이다. 모두가 아직도 주식이 상승 여력이 있다고 말하는 그 순간 사실은 주가는 최고점에 있다고 보면 된다는 말이다.

따라서 전문가들의 말을 시장의 흐름과 투자에 대해서 공부하고 경험을 쌓는 데 토대로 활용하는 것은 좋지만 결정 자체를 그들에게 맡기고 있지는 않은지 점검해야 한다. 자신의 기준점을 세우기 위한 과정이라는 것을 되새겨라. 전문가들 또한 앞에서 말한 시점에서 주식을 사들이고 있다. 주가 상승을 예견하거나 암시하는 보도가 최고조에 이른 그 시점에 자동적인 반응으로 주식 매입에 나선다는 말이다. 사실 주가 상승을 예견하거나 암시하는 보도는 현재의 사실에 근거하고 있기 때문에, 미래의 일로 착각해서는 안 된다.

징조의 연결고리를
파악하는 것

천재지변이 아니라면 세상에 벌어지는 사건들은 대부분 그전에 어떤 징조를 보인다. 특히 주식시장에서 벌어진 사건을 거슬러 올라가보면 곳곳에서 징조들을 발견할 수 있다. 그러므로 주식시장에서 성공하려면 이 징후를 예의 주시해야 한다. 또한, 어떤 사건의 영향을 그 사건이 일어나기 전에 느끼지 못한다 하더라도 그 영향은 반드시 나타나며, 또 다른 사건의 징후가 된다는 사실도 함께 기억해야 한다.

장차 일어날 사건을 기대하면서 주가의 움직임을 파악하는 것을 디스카운팅이라고 하는데, 이에 대해서 주의를 기울여서 살펴볼 가치가 있다. 디스카운팅과 관련된 논의를 할 때는 주제가 초점을 벗어나지 않도록 반드시 이 사실을 새겨두어야 한다. 예견할 수 없고 징조가 있다 하더라도 그것의 중요성을 절감할 수 없는 사건이 세상에는 있다. 반드시 신의 뜻으로 일어난 천재지변에만 국한되지는 않는다. 주식시장에서도 마찬가지다.

맨 먼저 새겨야 할 사항은 비록 전지전능하다고 생각하는 거대 은행 연합이라 하더라도 모든 사건들에 대해서 징후를 찾아내지는 못한다는 점이다. 전문 투자자들도 세계 곳곳에서 벌어지는 모든 사건의 징후를 기민하게 포착할 수 없는 것이다.

그런데 한편으로는 어떤 사건에 대해서 그 중요성을 지나치게 평가하는 경우가 종종 있다. 어떤 주식에 대한 배당률이 4퍼센트에서 5퍼센트로 오를 전망이라면, 장세를 훨씬 더 낙관하는 사람은 6퍼센트나 7퍼센트로 오를 것이라는 소문을 퍼뜨린다. 그리고 실제로 5퍼센트 인상이라는 발표가 나왔을 때 그 내용이 실망감을 주기 때문에 그 결과로 주가는 떨어진다.

대기업과 연관된 모든 사건들은 실제로 이 사건들이 일어나기 전에 이미 중요한 징조들이 곳곳에서 감지된다. 장차 일어날 것이 확실한 어떤 사건에 대해서 자본이 수익을 창출하지 못하는 경우는 거의 없다. 대형 투자자들이나 대기업의 핵심 관계자들은 그 사건이 일어날 거라는 확실한 정보를 가지고 있기에 돈을 벌 수 있다. 일반 투자자들은 그런 고급정보에 접근하기는 어렵지만 적어도 자신이 투자한 종목에 관한 징조들과 그 연결고리를 한두 가지라도 파악하는 연습을 해야 한다.

하지만 미래의 사업 조건들이 '내부자들'에게 얼마나 알려져 있는가를 놓고 일반인들은 보통 과대평가를 하고 있다. 특히 미국에서는 많은 것이 수확량과 사람들의 기질 그리고 선도적인 정치가들이 채택하는 정책들에 의존하기 때문에 미래가 어떻게 될지는 매우 복잡한 문제가 된다. 아무리 큰 권력이라 하더라도 사람들을 말처럼 물가로 끌고 가거나 강제로 물을 먹일 수는 없다. 이들 행위를 제어하는 것은 오히려 감언이설이나 교활하고 완곡한 방법들이다.

게다가 사람들 사이에서 정보가 퍼지는 속도가 점점 더 빨라지고 있어서, 그것이 사실이든 아니든 그 여부와 상관없이, 해가 갈수록 점점 더 시장은 변덕스러워지고 있다. 우리보다 앞서 살았던 금융가들은 분명 이렇게 중얼거리고 있을 것이다.

"현재의 자본을 1870년에 가지고 있었더라면! 그게 아니라면 지금의 여러 조건들이 1870년대의 조건들과 같다면 얼마나 좋았을까?"

디스카운팅 과정이 언제 완료될지는 보통 모든 각도에서 현재의 조건들을 연구하고 분석함으로써 비로소 깨달을 수 있다. 중요한 질문은 역시 '도대체 언제 매도나 매수가 가장 활발하게 이루어질 것인가?'이다.

1907년에 주식을 사는 데 가장 안전하고 좋았던 시기는 은행이 준비금 감소치가 사상 최악이라고 발표한 이후의 월요일이었다. 이 발표의 여파로 월요일 시장은 파산의 압력 속에서 시작되었다. 주가는 전날과 비교하여 몇 포인트 아래에서 시작하였다. 그 뒤로 다시는 유례가 없을 정도로 낮은 가격에 주식이 거래되었다. 계속적으로 상황과 조건들이 너무 악화되어서 완전히 파산하는 경우를 제외하고는 더 이상 나빠지려야 나빠질 수 없는 상태까지 도달하는 바람에, 완전히 파산하는 최악의 상황을 막기 위해서 대대적으로 힘을 모아야 했고 또 실제로도 그렇게 진행되었다.

1900년에 있었던 대통령 선거에서 민주당 브라이언이 후보로 지명되자 주가는 최저치를 기록했다. 투자자들은 즉각 "브라이언이 당선될 리가 없다"고 소리쳤다. 따라서 그의 지명은 일어날 수 있는 최악의 경우였다. 이렇게 해서 정치적인 뉴스가 주식시장에 가장 크게 부정적인 영향을 미쳤다. 그런데 선거 운동이 진행되면서 브라이언이 낙선할 거라는 예측이 나오기 시작했고, 그것이 거의 확실시되면서 주가는 당시의 전반적인 경제 및 금융 사정이 개선되는 상황과 결합하여 계속 상승했다.

불확실성이
가장 큰 악재다

가장 크게 문제되는 것은 확실히 예견할 수 있는 악재가 아니다. 문제는 징조를 발견할 수도, 예견할 수도 없는 불확실한 상황이 이어지는 것이다. 몇몇 사례들을 되돌아보면, 불확실성은 이후에 최악의 상황이 벌어졌을 때보다 더욱 사람들을 무겁게 짓누른다는 사실을 알 수 있다.

1904년 J.P. 모건의 노던 증권회사에 대한 대법원의 반독점법 위배 판결로 인해 기업가들은 절망에 빠졌고, 앞날에 대한 비전과 계획을 세우는 것도 두려워했다. 하지만 판결이 나자 사람들은 각자의 방법으로 충분히 대응할 수 있었다. 유죄이든 무죄이든 결정만 난다면 대응할 수 있다는 것이다. 그들을 곤란에 빠뜨리는 것은 불확실성이다. 대법원의 판결이 어느 쪽이든 상관없이 그 자체만으로도 실질적으로 영향력을 행사했던 것이다.

한편, 1911년에 있었던 스탠더드 오일이나 아메리칸 타바코에 대한 대법원의 결정은 이것과 달랐다. 대법원 결정이 나오자 시장은 일시적으로 활기를 띠었다. 불확실성이 제거되었다는 사실이 굉장히 긍정적으로 작용했으나 곧 충격적인 주가 하락이 시작되었다. 다른 기업에 대한 수사가 있을지도 모른다는 소문이 나돌았고, 그 기업이 정확히 어떤 기업인지 알 수 없었기에 불확실성은 증폭되었다.

주가 하락은 정부가 US 스틸 사를 법정에 세울 것이라는 발표가 나올 때까지 계속되었다. 당시 경제계에서 이후 유례가 없을 것이라 생각한, 이 엄청난 폭풍이 지나자 주가는 곧 오르기 시작했다. US 스틸을 속죄양으로 삼아 주식시장은 불확실성에서 벗어났던 것이다.

어떤 사건의 추이가 불확실할 때 시장은 여러 가지 가능성들을 매우 정밀하게 계산한다. 그리고 모든 주식 중개인은 자기만의 시각으로 의견을 도출해냈을 때 강력한 확신성을 지닌다. 하지만 도무지 떨쳐버릴 수 없는 의문들이 여전하다면, 이 의견은 유보적이다. 반대되는 의견들이 서로를 설득하지 못한 상태로 대치할 때 주가가 움직이지 않거나 혹은 좁은 범위 안에서 빠르게 변화하거나 혹은 매입이나 매수 중 어느 한 쪽에 상대적으로 더 많은 무게를 실음으로 해서 상승하거나 하락한다.

물론 이때 염두에 두어야 할 것은 매입자나 매도자의 수가 중요한 것이 아니라 거래총액이 중요하다는 사실이다. 거래총액이 크고, 정확성이 높은 고급 정보를 확보한 거물들이, 이들과 반대 입장에 서 있는 수천 명의 개인 투자자보다 더 의미 있는 투자를 실행한다는 뜻이다. 실제로 이런 현상은 앞장에서도 설명했듯이 빈번하게 나타난다.

개별 투자자의 투자 행위는 주가 변화의 웨이브를 만드는 데 영향을 미친다. 어떤 종목의 주가가 낮고, 모든 조건을 고려했을 때 주가가 오를 것이라고 믿는다면, 가능한 모든 능력을 동원해서 주식을 사들일 것이다. 그리고 그의 판단이 맞아 떨어져서 주가가 오른 뒤에 주가가 떨어질 가능성이 있는 요인들이 생겼다고 판단하면, 실제로 주가가 하락하지 않더라도 주식을 팔아서 위험 부담을 줄이며 이익을 실현하는 것이 현명한 길이라고 생각한다. 나중에 주가가 '충분히 올랐다'고 느끼면 부담 없이 주식을 판다.

그런데 주가가 떨어지지는 않지만 어떤 위험 요인이 나타났다고 생각하면, 장차 닥칠 그 어떤 재앙에 대비하여 주식을 모두 팔아버린다. 그리고 만일 어떤 투기적인 힘이 현재 주가를 계속 밀어 올리는데 조만간 그 힘이 떨어질 것이라고 판단하면 주식을 매도한다.

하지만 그것은 시장에 큰 영향력을 행사하는 여러 사람들이 가지고 있는 의견을 변용한 것이다. 어떤 거래자가 주식을 처분하는 것이 옳다고 판단하는 상황도, 다른 거래자는 주가에 전혀 영향을 미치지 않거나 혹은 오히려 주가를 끌어올릴 호재라고 판단할 수 있다. 이 경우 이 거래자는 자신의 투자 전략과 포지션을 유지하면서 더 많은 주식을 사들일 수도 있다. 이때 투자의 흐름을 알려주는 지표인 평균 주가 수준이 형성된다. 이는 전 세계 곳곳에 있는 투자자들의 다양한 생각과 개성, 넘쳐나는 정보들이 뒤섞여 만들어낸 작품이라 할 수 있다.

주식투자는 시간과 동맹을 맺어야 하는 싸움이다.
짧게 대하면 적이 되고, 길게 대하면 우군이 된다.

- 스콧 갤러웨이

누구나 한번쯤은
공포의 늪에 빠진다

일어날 일은 일어난다. 필연적인 결과는 일어날 수 있는 여러 가지 가능성들뿐만 아니라 가장 일어나기 어려운 가능성들까지 모두 시장에 반영된다는 것이다. 또, 사회와 여론의 관심을 끌기에 충분한 어떤 일이 일어나면, 어떤 사람들은 이 일을 놓고 주가가 상승할 것이라고 해석하고 또 어떤 사람들은 주가가 하락할 것이라고 해석한다. 모든 것들이 이런 대립적인 의견을 불러일으킨다.

어떤 신문의 칼럼니스트가 '1억 인구를 가진 국가의 경제 활동이 활발하여 사업이 번성할 여건을 만들고 또 이 사업을 유지시킨다'는 내용의 칼럼을 썼다고 하자. 이 칼럼에 자극받은 열혈 낙관주의자들이 주식 매수에 나서리라는 것은 의심할 여지가 없다. 반면에 무엇이든 까다롭게 시시비비를 가리는 비관주의자들은 칼럼 하나가 주가 상승의 증거라고 생각하지 않는다. 신문 칼럼의 이런 언급 자체가 낙관적인 장세를 보증해주는 확실한 뉴스가 없기 때문에 나오는 것이라고 판단하고 보유하고 있는 주식을 팔아버린다.

멀쩡한 사람의 눈에는 터무니없어 보이는 주가 등락을 조장하는 사람들은 지급 능력 이상으로 부채를 짊어진 투자자들이다. 이들은 조그만 변화나 조짐에도 굉장히 민감히 반응한다. 다른 때 같았으면 아무런 의미도 없다고 생각할 작은 뉴스 하나도 그들에게는 아주 의미심장하게 보여서 결국 자기의 능력 이상으로 많은 주식을 매수한다.

이와 마찬가지로, 장세를 낙관하며 주식을 한껏 사들인 사람도 온두라스와 루마니아 사이에 전쟁이 벌어질 것이라는 터무니없는 이야기를 듣고는, 이 두 나라의 위치를 지도에서 잠시 확인해볼 여유도 없이 무조건 그 이야기를 믿고 주식을 팔기 시작한다.

터무니없는 근거로 인한 주가 변동은 다른 사람들을 지나치게 의식하고, 사실관계를 확인하지 않은 채 과장되게 공포스러워하는 심리에서 비롯된다. 누구든 개인적으로는 온두라스와 루마니아 사이에 벌어질지도 모른다는 전쟁을 두려워하지 않는다. 하지만 장세를 비관적으로 전망하는 사람들에게는 주가 폭락을 노리는 투매의 좋은 계기로 삼을지 누가 알겠는가?

만일 주가가 떨어질 경우에 감당하기 힘들 정도로 많은 주식을 가지고 있다면, 이 공포가 더욱 커질 수밖에 없다. 게다가 설령 주가 폭락을 노리는 사람들이 투매에 나서지 않는다 하더라도, 이런 투매를 두려워하는 사람들이 '나' 외에도 엄청나게 많이 있을 수 있다. 이런 사람들이 주식을 조금씩이라도 털어내어 부담을 줄이려고 한다면, 이런 움직임이 곧 주가를 떨어뜨리지 않을까?

이런 추론을 충실하게 따르는 전문 거래자는 결국 특정한 사실에 입각해서가 아니라 특정한 사실이 사람들에게 어떤 행동을 자극할 것이라는 믿음에 입각하여, 더 정확하게 말하면 특정한 사실을 알리는 뉴스가 사람들로 하여금 어떤 행동을 유발할 것이라는 믿음에 입각하여 투자의 방향을 결정한다. 이 전문 거래자들은 모든 촉각을 곤두세우고 주가 시세판에 나타나는 매수와 매도의 맥박을 끊임없이 감지하면서 여차하면 행동으로 옮길 만반의 자세를 갖추고 있다.

과거에 집착하지 마라

아이러니하게도 다른 사람들이 어떻게 투자할 것인가에 대해서 너무 신경 쓴 나머지 결국 길을 잃어버릴 가능성은 비전문가들이 전문가들보다 오히려 적다. '그 사람들' 이론과 마찬가지로 그것은 위험한 영역이다. 이 영역에서는 상식마저 내팽개쳐진다. 결국 비싼 대가를 치르고 나서야 다른 사람들이 내가 생각하는 것만큼 바보가 아니라는 교훈을 얻는다. 시장은 아주 작은 가능성이라도 놓치지 않고 변수로 파악하는데,

이 가능성을 파악하고 변수로 계산해서 수익을 올리기는 결코 쉽지 않다.

주식시장의 다른 현상들과 관련해서 현재와 미래를 혼동하는 이런 오류들을 피해 갈 수 있는 지침이 하나 있다. 주가의 움직임을 기존의 어떤 법칙으로 옭아매려 하거나 과거의 비슷한 사례와 동일시하거나 혹은 각각의 현상들을 따로 떼어서 분석하지 말라는 것이다. 과거 어떤 특정 상황에서 주가가 어떤 식으로 움직였다고 해서 현재에 일어나는 그와 비슷한 상황이 과거와 동일하게 전개될 거라고 생각해서는 안 된다. 현재 상황이 아무리 낯익은 요소들로 채워졌다 하더라도 이 상황은 과거와 같지 않다. 전혀 다른 새로운 상황이다.

요인들을 개별적으로 바라보면서 동시에 종합적으로 평가하고 판단을 내려야 하는 것이다. 아무리 어렵게 보이는 문제라 하더라도 과학적이고 합리적으로 접근하면 얼마든지 해법을 찾아낼 수 있다. 미래를 내다보되 주식시장와 우리를 미래로 인도하는 길잡이로만 '현재'를 생각해야 한다. 주가의 극단적인 등락은 뉴스가 매우 명확하며 또 널리 퍼져 있을 때 나타난다. 이런 순간에는 항상 이런 질문을 스스로에게 던져야 한다.

"다음에는 무슨 일이 일어날까?"

성공적인 투자의 핵심은
다른 사람을 능가하는 것이 아니라
무슨 일이 벌어지고 있는지
더 잘 이해하는 것이다.

- 세스 클라만

The
Psychology

5장

주가는 내가 바라는 대로
움직이지 않는다

of
The Stock Market

시장은 영원히 냉정하다

앞에서 우리는 활발하게 투자 활동을 하는 거래자가 매도 포지션에 설 것인지 아니면 매수 포지션에 설 것인지를 면밀하게 판단하고 결정해야 할 때, 편견에 사로잡히지 않고 균형 감각을 유지하는 것이 중요하며 또 가장 어려운 과제 가운데 하나라는 사실을 확인했다. 결정을 내린 후에도 고민은 계속된다. 제시 베리모어가 말했듯이, 판단이 틀렸을 때는 변명하지 말고 인정하며, 그 오류와 경험으로부터 이익을 얻는 방법을 찾아야 한다.

한때 거물 투자자였던 사람이 가격이 하락할 것이라는 장기적인 전망을 가지고 밀이라는 상품을 대상으로 오랫동안 매도 포지션에서 투자를 했다. 그런데 어느 날 이 사람이 갑자기 태도를 바꾸어서 주가가 상승할 것이라고 전망하며 투자 포지션을 정반대로 바꿨다. 그리고 주변 사람들에게 밀의 가격이 오를 것이라고 큰 목소리로 떠들어댔다. 이 사람은 일주일 동안 이 포지션을 유지했지만 가격은 오르지 않았다. 그러자 이 사람은 다시 원래의 투자 전략으로 돌아갔고, 이전보다 훨씬 더 강력하게 밀의 가격이 하락할 것이라고 전망하였다.

어떻게 보면 이 사람은 시장을 시험하고 자기 자신을 시험했다고 볼 수 있다. 밀의 가격이 하락할 것이라는 자기 입장을 다른 관점에 서서 비판하고 설득할 수 있는지 시험한 셈이다. 하지만 아무리 이렇게 해도 기존의 자기 입장을 되돌리지 못한다는 사실을 확인하고는 기존의 태도에 확신을 가지고 비판적인 태도에서 더욱 공세적으로 투자했던 것이다.

시장에서 주식을 사고팔면서 편견을 걷어내고, 균형 있는 판단력을 유지하는 일은 매우 어렵다. 특히, 우리의 개인적인 관심사와 직결되어 있는 어떤 것에 대해서 판단하기란 결코 쉬운 일이 아니다. 일반적으로 보면, 우리가 어떤 일을 하고 싶을 때 그 일을 해야 하는 이유는 수없이 많다. 이와 마찬가지로, 하고 싶지 않은 일에 대한 이유 역시 수없이 많다.

사람들은 대부분 '존재하는 것은 무엇이든 옳다'라는 고대의 궤변을 '내가 원하는 것은 무엇이든 옳다'라는 실용적인 구호로 바꾸어서 사용하고 있다. 유명인사들 중에도 이 구호를 삶의 지침으로 삼고 있는 사람들이 많다.

만일 스미스라는 사람과 존스라는 사람이 구두로 어떤 계약을 맺었는데, 그것이 나중에 존스에게 매우 유리한 것으로 드러났다고 하자. 스미스는 이렇게 말할 것이다.

"그 계약은 강제력이 거의 없는 것이나 마찬가지여서 언제든 파기될 수 있다."

하지만 존스는 이렇게 말할 것이다.

"그 계약은 비록 문서화하지는 않았지만 강제력이 있고 합법적인 것이었다."

프랑스의 정치가 탈레랑은 "언어란 사람이 자기 자기 생각을 감추기 위해서 만들어진 것"이라고 말했다. 같은 맥락으로, 사람들은 논리에 대해서 욕망을 합리화하기 위해서 만들어진 것이라고 생각한다.

자기 이익과 욕망의 편을 드는 이런 편견이 어디에서 비롯되고 어디에서 끝이 나는지 설명할 수 있을 만큼 자신을 돌아보는 사람은 거의 없다. 그러려고 노력하는 사람은 물론 더 찾아보기 어렵다. 우리는 어떻게 하면 우리의 판단력이 이기적인 욕심, 즉 주식을 통해 돈을 버는 데 도움이 될 수 있을까 하는 관점에서 판단력을 높이기 위해 애쓴다. 우리가 품고 있는 의문은 '어떤 상황에 대한 사실들을 정확하게 마음에 새기고 있느냐?'가 아니라 '어떻게 하면 무난하게 잘 넘어갈 수 있을까?'이다.

주식을 사고파는 문제에 관련해서는 구렁이 담 넘어가듯이 무난하게 잘 넘어가는 일이란 있을 수 없다. 주식시장은 아주 냉정하다. 아무리 그럴싸한 말로 구워삶으려 해도 절대 속지 않는다. 또, 시장은 우리가 어떤 것을 기대하든 전혀 상관하지 않는다. 오로지 시장 논리에 따라서 작동할 뿐이다. 즉, 주식시장에서는 다른 비즈니스 영역에서 하는 것처럼 우리의 욕심을 중심에 놓을 수 없다. 오로지 우리의 욕심을 주식시장이 보여주고 말해주는 여러 사실들에 맞추어야만 한다. 이것이 주식시장의 규칙이다.

주식시장에는 오직 한 가지 시각만이 존재한다.
강세론도, 약세론도 아닌
시장을 정확하게 바라보는 눈이다.

- 제시 리버모어

2년 전에 샀든 2분 전에 샀든
냉철하게 판단하라

주식 거래에서 대박을 터뜨리려면, 거래자는 우선 시장에서 자신이 택한 투자 전략, 매수와 매도 포지션, 이익과 손실, 주식을 사거나 팔았던 가격과 현재 가격의 차이 등 과거의 이력을 머릿속에서 완전히 비울 필요가 있다. 오로지 시장의 현재 위치만 생각해야 한다. 주가가 내려가면, 거래자는 이익이 나든 손해가 나든 상관하지 않아야 한다. 2년 전에 샀든 2분 전에 샀든 상관하지 않고 냉정하게 그 주식을 팔아야 한다.

하지만 거래자들의 일반적인 모습이 앞서 내가 제시한 모습과 얼마나 동떨어져 있는지는 이들이 나누는 대화의 한 토막만 들어만 봐도 알 수 있다. 안타깝게도 많은 사람이 이런 대화 속에 담긴 핵심적인 문제를 놓치고 만다. 예를 들어서 어떤 중개인은 자기 고객에게 이렇게 말한다.

"고객님의 주식은 현재 5포인트 이익을 냈습니다. 현금화해서 이익을 실현하는 게 좋겠습니다."

시장에 대해서 아무것도 모른다면 그럴 수도 있다. 그러나 시장을 제대로 이해한다면, 이익을 실현할 시기는 상승하는 가격의 움직임이 최고점에 도달했다는 징후를 보일 때이다. 그리고 또 사람들은 이런 말도 자주 한다.

"손해가 나면 손해를 줄이고, 이익이 나면 계속 이익이 나도록 내버려둬라."

초보자들에게는 아주 현명한 조언처럼 들릴 수도 있다. 문제는 어느 지점에서 손해를 줄일 것이며 또 어느 지점까지 계속 이익이 나도록 내버려둘 것이냐는 것이다. 다른 말로 하면, 시장이 앞으로 어떻게 전개될 것인가 하는 문제이다. 이 질문에 답할 수만 있다면, 이익과 손해는 투자자가 걱정하지 않아도 자신이 스스로 알아서 잘 해결할 것이다.

어떤 사람이 유니언 퍼시픽이라는 회사의 주식을 샀는데 그는 이런 기준점을 가지고 있었다. 7포인트가 상승했을 때 이익을 얻을 수 있는 마지노선이며, 반대로 2.5포인트 하락했을 때 발을 빼야 하는 마지노선이라는 기준점이었다. 그는 항상 이런 기준점으로 성공적인 투자를 이루었다고 한다. 하지만 7이니 2.5니 하는 이런 임의의 수치야말로 어리석음의 극치이다. 이 사람은 자신이 하는 주식 거래를 시장에 맞추려고 하지 않고 시장을 자기 거래에 맞추려고 하고 있기 때문이다.

주식 중개인 사무실에서 나누는 대화의 대부분이 주식 거래자의 이익이나 손해와 관련된 것이다. 브라운이라는 사람은 10포인트 이익을 기록했는데 그 주식을 팔지 않고 그냥 내버려두었다. 그러자 그의 현명한 친구는 이렇게 말했다.

"이보게! 10포인트라는 이익에도 만족하지 못한다고?"

대답은 응당 이렇게 되어야 한다. 하지만 이런 대답이 나오는 경우는 거의 드물다.

"당연히 만족하지 못하지. 주가는 계속 오를 텐데."

언젠가 이런 말을 들은 적이 있다. 어떤 중개인이 자기 고객에게 한 말이다.

"이익을 본 걸로 만족하고 이제 빼버리세요. 오래 있어 봤자 결국 하락세에 접어들 테고 손해 아닙니까? 욕심을 부리면 대가가 있기 마련이에요."

주식시장에 대해 잘 알지 못하는 사람이 듣는다면 현명한 조언이라고 할 수 있다. 하지만 주식시장에 대해 조금이라도 아는 사람이라면, 특히 분석적이고 합리적인 전문가라면 절대로 이런 말을 하지 않는다. 주식시장에 있는 누구든 자기 나름대로의 전략을 가지고 투자하고 있으므로, 자신도 모르게 이유 없이 방어적이고 비합리적인 태도를 취할 수 있다. 누군가는 이렇게 말한다.

"주식시장에서 일관된 태도를 취한다는 것은 자신의 고집을 꺾지 않는다는 것이다."

시장의 흐름을 논리적으로 바라보고 자신만의 투자 철학으로 임하는 사람은 어쩌면 바람의 방향이 조

금만 바뀌어도 고개를 돌려버리는 풍향계 같은 변덕
스러운 사람보다 성과가 적을 수 있다. 전자는 오로지
변화하는 상황에 대한 관찰과 해석에만 의지할 뿐 개
인적인 관심이나 바람은 철저하게 배제하기 때문이다.
이러다 보면 결국에는 자신만의 의지와 지성으로 무
장하고 나아가는 사람이 더 큰 성과를 이루고 성공한
다. 자신이 투자한 종목을 보다 냉정한 태도로 철저하
게 분석하고 그것을 바탕으로 현명한 판단을 내릴 수
있기 때문이다.

환상이 아닌
사실을 보라

투자자는 자신이 기대하는 환상에 휘둘릴 가능성
이 높다. 보통 종목을 추천받은 경우나 주가가 오른다
는 말만 듣고 투자에 뛰어드는 경우가 그렇다. 그 예상
대로 주가가 오르면 이들의 눈에 주식시장은 아주 평
화롭고 든든해 보인다. 눈뜨면 접하는 소식들은 모두
장밋빛이다. 그렇게 더 많은 이익을 기대하게 된다. 5
포인트가 오르면 10포인트를 기대하고, 10포인트가 오
르면 20포인트, 30포인트를 기대한다.

그러다가 주가가 내려가면 이들은 주가 조작이나 주가 폭락을 노리는 투기꾼의 투매가 원인이라고 생각하며 곧 주가가 다시 회복될 것이라고 믿는다. 주가가 떨어질 것을 전망하는 뉴스들도 이들에게는 주가를 떨어뜨리려는 악의적인 장난질로밖에 보이지 않는다. 그러다가 마침내 투자 금액이 반토막, 반의 반토막이 나는 상황을 맞닥뜨린 뒤에야 이렇게 말한다.

"'그 사람들'이 주가가 올라가는 상황에서도 그들 마음대로 주가를 떨어뜨릴 수 있다면 이 사람들과 싸워봐야 무슨 소용이 있어? 공매도를 씨리얼처럼 주식시장에 쏟아부으면서 자기들이 원하는 만큼 주가를 떨어뜨릴 수 있다면 계란으로 바위치기 아닌가?"

이런 사람들은 경험이 없기 때문에 혹은 건전한 투자 상식이 없기 때문에 혹은 두 가지 모두가 원인으로 작용해서 실패를 경험한다. 이 사람들이 주식시장에서 돈을 벌 수 있으려면 상당히 오랜 기간 공부해서 냉철한 판단력을 갈고닦아야 한다. '그 사람들'이라고 불리는 다수의 움직임을 원망하는 것이 아니라 시장의 흐름을 해석하는 자료로 삼는 법을 알아야 한다. 그러나 이들 대부분은 그때까지 버티지 못한다.

물론 이들보다 훨씬 현명한 사람들이 있다. 이들 가운데 많은 수가 매 순간의 선택과 결정이 굉장히 현명하다. 이들은 주식시장에서 자신이 취하는 포지션에 얽매여서 실수를 저지르지 않고, 시중에 떠도는 소문을 포함한 모든 뉴스와 실제 데이터를 중시한다. 무엇보다 가장 중요한 요소인 주가 변동의 효과에 주목한다.

이들은 주식시장의 상황이 나아질 것을 기대하고 주식을 산다. 기대대로 상황이 나아지고 주가가 오른다. 주가가 내릴 것을 암시하는 뉴스는 나타나지 않고 주가가 오를 것을 암시하고 또 주가의 긍정적 행보를 말해주는 뉴스만 쏟아진다. 이런 상황에서 이들이 주식을 팔 이유는 전혀 없다.

주식을 팔 때 가장 중요한 판단 근거는 주가가 개선된 상황을 반영할 만큼 충분히 올랐는가 하는 것이다. 전문 투자가들은 객관적인 관찰자의 자세로 그런 변화가 있는지, 그 근거가 있는지를 냉정하게 관찰한다.

이런 부류의 투자자들이 주가의 영향에 혼란을 느끼는 주된 이유 가운데 하나는, 상승장의 경우에는 주가가 꺾이기 직전까지 거의 예외 없이 합리적인 이유로는 설명할 수 없을 정도로 높이 올라가기 때문이다. 투자자들은 주가가 상당히 높은 수준에 도달했다고 생각하는 지점에서 주식을 팔지만, 그 이후로도 주가는 투자자들이 거둔 이익에 2배 가까이 되는 지점까지 오르기도 한다.

바로 이 지점에서 투기에 대한 전문가적인 지식이

필요하다. 투자자가 이런 지식에 대해 알지 못하고, 또 신뢰할 수 있는 다른 전문가의 충고를 받아들이지 못한다면, 그저 적절한 수준의 이익에 만족하고 물러나는 선택을 한다. 그리고 매일 최고점이 다시 갱신되는 모습을 보면서 더 많은 이익에 대한 아쉬움을 감내해야 한다. 하지만 투자에 대한 상당한 지식을 가지고 있다면 보다 공격적으로 흐름을 타서 일반 상식에만 의존할 때보다 훨씬 많은 이익을 확보할 수 있을 것이다.

만일 투자에 대한 지식이 없는 사람이 행운을 만나 높은 주가의 이익을 보유하게 된 뒤에도 주가가 더 오를 것이라는 헛된 기회를 붙잡고 놓지 않는다면 결말은 실패로 이어질 수밖에 없다.

자신이 만든
구멍에 빠지지 마라

주식시장에 자신이 한 투자의 영향에서 완전히 자유로운 사람은 주식 거래자 1,000명 중 단 한 명도 없을 것이다. 이 영향력은 매우 교묘하고 파악하기 어려워서 낙관적이든 부정적이든 항상 상상의 영역에 놓여 있다. 이는 전문가들에게도 숙제처럼 여겨진다. 상상에 빠져 자신의 투자로 인한 영향력을 제대로 파악하지 못하는 문제가 생기기 때문이다. 자신이 어떤 것을 원하고 있기 때문에, 그 원하는 것이 가장 먼저 눈에 띄고, 다른 것이 보이지 않을 정도로 크게 보이는 상황에 빠지지 않는 것이다.

이것이 바로 주식시장에서 가장 쉽게 빠질 수 있는 함정인데, 사람들은 보통 이 상황을 두고 '구멍'에 빠졌다고 표현한다. 주식시장에서 '구멍'이 나타나는 것은 시장이 그만큼 약해졌다는 것을 의미한다고, 전문가들은 경험을 통해서 익히 알고 있다. '구멍'은 갑자기 그리고 이유도 분명하지 않은데 팔려고 내놓은 주식이 팔리지 않는 시장 상황을 뜻한다.

활발하게 거래되는 어떤 주식 수백 주가 매물로 나왔는데, 시장 정서가 대체적으로 주가 상승을 기대하며 낙관적임에도 불구하고 이 주식을 사겠다는 사람이 나타나지 않는다. 그러자 주가는 0.5포인트나 1포인트 정도로 아주 조금 떨어진다. 그제야 사겠다는 사람이 나타나고 거래가 성사된다.

거래가 활발한 주식의 경우, 이런 현상은 이례적이다. 이 주식의 주가가 곧 원래대로 회복된다 하더라도 전문가들은 이 방심할 수 없는 상황을 절대로 놓치지 않는다. 시장이 '매수 초과' 상태로 들어선다는 의미로 받아들이는 것이다.

이제 주식 거래자가 주가가 곧 꺾인다고 계산하고 이런 기대하에 매도 포지션으로 돌아섰다고 하자. 그는 시장이 매수 초과 상태일지도 모른다고 의심하지만 아직 확신하지는 못한다. 이런 상황에서는 주가가 조금이라도 떨어지면, '구멍'이 생겼다고 파악할 수 있다. 아마 다른 상황이 었다면 이 사람은 이런 현상을 눈치 채지도 못했을 것이고, 눈치 챘다 하더라도 달리 생각했을 것이다. 이런 상황에서 그는 시장의 약세가 하루빨리 강세로 전환되기를 기대하는데, 이 기대감 때문에 그는 자기가 기대하는 것이 실제로는 존재하지 않음에도 불구하고 실제로 존재한다고 믿는 오류에 빠지는 것이다.

이와 마찬가지로, 주가가 큰 폭으로 오른 뒤에 주식이 매물로 빠르게 나타나는 현상을 찾으려 하면 얼마든지 찾을 수 있다. 또 주식을 팔아 치우고 다시 사들이려고 할 때 상승세가 갑자기 주춤하는 반락 현상을 보고자 하면 이것도 얼마든지 눈에 띈다. 실제로 월스트리트에 떠도는 격언대로, 자신이 팔아 치운 주식을 되사려고 하는 장세 낙관주의자보다 더 장세를 비관적으로 보는 사람은 없다.

내가 부자가 될 수 있었던 건
내가 틀렸을 때를 잘 알고 있었기 때문이다.

- 조지 소로스

편견을
역이용하라

성공적인 투자를 이루는 심리적 특성을 공부하다 보면, 서로 상반되는 의미로 해석할 수 있는 상황이 종종 나타난다. 어떤 현상들은 보는 눈에 따라서 서로 다른 두 가지 방식으로 동시에 해석할 수 있다는 말이다. 한 현상이 여러 가지로 해석될 경우에, 시장에 더는 흥미를 느끼지 않는 거래자라면 상황을 보다 분명하게 파악할 수 있을 때까지 물러나 있는 것이 현명하다고 생각하는 경향이 있다.

이 경우에, 매수 포지션에 섰던 사람은 어떤 특정한 상황을 활황이라고 해석하는 한편, 매도 포지션에 섰던 사람은 불황으로 해석한다. 이는 기술적 분석이 사실상 취약하다는 사실을 뒷받침하는 증거이기도 하다. 즉 같은 상황을 두고, 각기 다른 방향으로 해석하는 것이다. 이 중 하나는 옳고 하나는 반드시 틀렸다.

투자 행동에 관한 판단을 내릴 때 이 판단이 개인적인 요소에 의해 영향을 받는다는 점과 관련해서 '하지 마라'는 말 외에는 건설적이거나 실용적으로 도움이 될 수 있는 말은 거의 없다. 하지만 주식을 거래하는 사람이 스스로 편견을 가지고 있음을 깨달을 때 그는 한 발자국 전진하는 셈이 된다. 그 깨달음 덕분에, 당시에는 올바른 판단이라고 철썩같이 믿지만 결국에는 욕심 때문에 잘못 내린 판단으로 밝혀지는, 그런 함정에 맹목적으로 뛰어들지 않을 수 있다.

주식시장에 관여하는 사람들이 자주 하는 말이 있

다. 대중은 바닥에서도 장세를 비관하고 천장에서도 장세를 낙관하기 때문에, 거꾸로만 한다면 즉 팔고 싶을 때 사고 또 사고 싶을 때 팔기만 하면 대박을 터뜨릴 수 있다는 말이다. 전성기 때의 토머스 로슨도 이렇게 하여 성공하였다.

하지만 이리저리 휩쓸려 잘못된 판단을 내리는 대중의 수가 이전보다 줄어든 것은 확실하다. 소액 투자자들 가운데서도 많은 사람들이 지능적으로 거래하고 있으며, 뉴욕 증권거래소에서 마치 도박을 하듯이 투기적으로 투자하는 사람들의 수도 많이 줄어들었다. 이런 현상에 대해서 예외적인 한 부류를 제외하고는 모든 사람들이 만족한다. 그 예외는 이전에 이런 일을 했던 중개인들이다.

그럼에도 불구하고, 시장이 가장 튼튼해 보이는 바로 그 순간이 사실은 최고점에서 가까운 지점이며 또 주가가 쉬지도 않고 추락해서 거의 제로 지점까지 떨어진 것처럼 보이는 바로 그 순간이 실제로 최하점에서 가까운 지점이라는 것은 엄연한 사실이다.

투자자들이 이 원칙을 활용하는 방법은 활황 장세가 가장 폭넓게 확산되었다고 보이는 시점에 주식을 팔고, 또 대중이 가장 의욕을 잃은 것처럼 보이는 시점에 주식을 사는 것이다. 이전에 행한 어떤 투자 행동에서 이익을 얻고자 한다면 이 원칙을 마음 깊이 새기는 일은 특히 중요하다. 이 사람의 최대 관심사는 주가의 현재 경향과 일치하기 때문이다.

지금 이 책을 통해 주식시장의 흐름을 읽으려고 하는 사람이라면 아마도 역발상을 함으로써 이익을 실현할 수 없다 하더라도 그동안 자신의 머릿속에 뿌리내리고 있던 편견을 제거할 수 있을 것이다. 또, 주가의 움직임 속에서 나타나는 군중의 심리를 파악할 수 있다.

The
Psychology

6장

빠르게 부자가 되면
빠르게 거지가 된다

of
The Stock Market

공황은
어떻게 오는가

　'공황'과 '활황' 또한 심리적인 요인으로 인해 발생한다. 물론 그렇다고 해서 경제의 기초적인 요소들이 주가의 급등과 급락에 영향을 미치지 않는다는 말은 아니다. 공황은 주어진 조건들이 야기하는 것보다 더 가파르게 주가가 하락하는 현상을 일컫는데, 보통 대중의 흥분된 심리 상태로 인해 발생하며, 모든 재원이 기하급수적으로 고갈돼버린다. 한편 활황은 지나치게 투기적인 분위기 속에서 주가가 급등하는 현상을 일컫는다. 각기 따로 떼어서 살펴볼 필요가 있기는 하지만 공황과 활황은 다음에서 설명하는 몇 가지 특징들로 서로 연결되어 있다.

공황이 발생할지도 모른다는 공포가 수많은 투자자들의 심리를 얼마나 강하게 압박하는지 그 여파로 인해 어떤 상황들이 발생하는지를 살펴보면 무섭기까지 하다. 1907년 은행 패닉의 쓰라린 기억 때문에 그때부터 지금까지 투기적인 거래의 양이 상당히 줄어들었다는 것을 확인할 수 있다. 1907년과 비슷한 충격의 공황이 미국을 덮친 사례는 미국의 역사를 통틀어서 몇 차례 되지 않는다. 그리고 이런 공황이 한 달 안에 발생할 확률은 주식을 투자한 회사가 망해서 투자금을 날릴 확률보다 낮다. 하지만 이 공황의 유령은 초보자들이 주식을 사려고 할 때마다 엄습해온다. 그렇기 때문에 어떤 투자자는 이런 말을 할 수도 있다.

"그렇습니다. 출판 종목은 매우 튼튼해 보입니다. 그렇지만 1907년에 얼마에 팔렸는지 보십시오. 지금에 비해 반도 안 되는 가격이지 않았습니까? 언제 다시 이런 일이 벌어질지 아무도 모르는 일 아닙니까!"

종종 사람들은 공황에서 주가가 낮은 것은 공포가 갑작스럽게 퍼졌기 때문이라고 말한다. 하지만 이것이 정말 사실일까? 어쨌거나 공포라는 요소는 주가가 최고점 가까이 접근했을 때 작동하기 시작한다. 일부 조심스러운 투자자들은 활황 흐름이 조만간에 끝나고 지나친 투기에 대한 반발로 재앙과도 같은 주가 하락이 이어질 것이라며 두려워하기도 한다. 이런 공포 때문에 이들은 보유하고 있는 주식을 판다.

주가 하락은 1년 혹은 그 이상 계속 이어질 수 있다. 이 기간 동안 사람들은 점점 더 불안해하고 또 불편해하면서 보유하고 있는 주식을 모두 현금화해서 가지고 있으려고 한다. 이런 조심성 혹은 공포감은 아주 빠르게 퍼져 나간다. 그리고 이 정서의 강도는 강약이 반복되는 가운데 점차 커져간다. 공황은 절대로 어느 날 갑자기 나타나는 현상이 아니다. 오랫동안 축적된 원인들이 있었기에 그 결과로서 나타나는 현상이다.

공황의 실제 최저점은 필요에서 비롯되는 경향이 있다. 공포를 느끼고 일찌감치 주식을 팔아버리는 투자자들은 주가가 최저점에 도달하기 이전에 포기한 셈이다. 주가의 최저점은 보통 자금이 바닥난 사람들과 거래할 때 형성된다. 이 사람들 대부분은 졸지에 허를 찔려서 어찌할 바를 모르는 상태다. 만일 시간이 조금만 더 있어도 주식을 계속 보유하는 데 필요한 자금을 마련할 수도 있었다. 그러나 주식시장에서 통용되는 다음의 격언이 말해주고 있듯이 그들에게는 이런 시간적 여유도 주어지지 않을 것이다.

'시간은 계약의 핵심이다.'

자금은
항상 흐르게 해야 한다

공황 시기에 발생하는 손해의 중요한 원인은 투자자가 유동 자금을 충분히 확보하지 못했기 때문이다. 자금이 여러 가지 형태로 '꽁꽁 묶여 있기 때문에' 빠르게 현금을 동원하지 못하는 것이다. 아무리 재산이 많아도 당장 동원할 수 있는 자금이 없으면 마음이 조급할 뿐이다. 이런 상황에 놓이게 된 원인은 보유 자산에 비해 더 많은 것을 이루려고 했기 때문이다. 즉 탐욕과 조급함, 분수에 넘는 계획, 미래에 대한 근거 없는 낙관 등이 구체적인 원인이다.

공황 시기에는 주가가 떨어질 대로 떨어져서 더는 떨어질 수가 없다고 생각하는 순간에도 계속 주가가 떨어질 수 있다는 것을 명심해야 한다. 그 결과, 수많은 투자자들이 주가가 바닥을 쳤다고 생각하고 주식을 매입하지만 그 뒤로도 주식은 끝없이 계속 추락해서 결국 버티지 못하고 그 주식을 다시 팔아야 하는 결과를 맞이한다.

이런 현상은 앞에서 언급한 사실, 즉 주가의 최저점은 여론이 아니라 객관적인 필요성에 따라서 결정된다는 사실 때문에 일어난다. 예를 들어, 1907년 당시에 건전한 상식이 있는 사람이라면 누구나 주식이 실제 가치 이하로 팔린다는 사실을 알고 있었다. 하지만 그 주식을 사고 싶어도 그럴 만한 현금이 없었다.

오랜 불황 장세 속에서 주가가 아무리 낮게 떨어

졌다 하더라도, 주가가 낮다는 이유만으로 주식 거래가 다시 활발하게 이루어질 수 없다는 사실을 사람들은 교훈으로 배웠다. 이 상황을 풀어 나갈 열쇠는 '유동 자본의 축적'에 있다. 이런 사실은 당시 은행들이 처했던 조건이 가장 빠르게 증명했다. 막혔던 자금의 흐름이 풀리고 유동성이 확보되어야만 주가가 다시 오르기 시작한다.

어떤 뚜렷한 이유도 없이 주가가 다시 회복된 이유를 따지자면, 공황 시기에 주가 하락의 마지막 단계는 여론도 아니고 공포도 아닌 객관적인 필요성이 주가를 마지막 단계까지 끌어내렸기 때문이다. 즉 주식을 살 수 있는 자금이 완전히 메말라버렸기 때문이다. 거래자들은 이렇게 말한다.

"공황은 끝났지만 지금과 같은 불황 장세의 조건이 지배적인 상황에서는 주가가 오를 수 없다."

하지만 주가는 올라갈 수 있고 또 실제로 올라간다. 파산 세일로 인해서 저평가되었던 주식이 서서히 평균 가격 수준을 회복하기 때문이다.

어쩌면 '공포'라는 단어가 주식시장의 심리학을 논하는 과정에서 지나치게 남용되었다고도 볼 수 있다. 실제로 공포가 직접적인 요인으로 작용해서 주식을 판 사람들은 소수에 불과한다. 어느 정도 이익을 본 다음에는 팔아야 한다는 조심스러운 태도나 주가가 더 떨어질 것이라는 확실한 믿음 등이 함께 작용한 것이다. 물론 이런 것들은 공포가 변용된 모습들이라고 할 수 있다. 그리고 어쨌거나 주가 하락과 관련해서는 동일한 결과를 초래하였다.

공황 시기의 이런 공포감이나 조심성의 효과는 주식을 파는 것에만 한정되지 않는다. 주식을 사지 못하게 심리적인 압박을 가하기도 하는데, 주식시장으로 보자면 이것이 더 심각한 문제이다. 주식을 사려는 사람의 발목을 붙잡고 사지 못하게 할 때 이 사람이 느끼는 불안감은 주식을 팔라고 몰아댈 때보다 결코 작지 않다.

이런 이유로 인해 공황 상태의 주식시장에서는 비록 적은 물량을 팔려고 내놔도 가격은 실제 수요와 공급의 비율의 하향점으로 떨어지고 만다. 팔려고 내놓은 주식의 양이 많은 것도 아닌데 사려는 사람이 아무도 없기 때문이다.

공황 이후에 주가가 빠르게 회복되는 것도 바로 이런 요인 때문이다. 기다리던 투자자들은 선뜻 주식시장에 발을 들여놓지 못하다가 일단 회복 기미가 보이면 앞다투어 뛰어든다.

상승 흐름에 탑승했을 때
더욱 신중하라

    활황은 많은 점에서 공황과 정반대다. 공황에서 공포가 점차 커져서 마침내 마지막 폭발로 이어지듯이, 활황은 맹목적인 확신과 열광이 확산되어 너도나도 주식을 사들이면서 실제로 수천, 수만 명이 환호성을 내지르는 일까지 이어진다. 이 사람들 가운데 많은 수는 상대적으로 젊고 경험도 없는데, 아주 운 좋게도 주가 상승이 계속되는 흐름에 잘 탑승하여 크나큰 수익을 얻는다.

주식의 가치로만 존재하는 이 백만장자들은 활황 시장에서는 언제나 떼지어 나타난다. 하지만 이들은 주가가 떨어지기 시작하면 날개를 잃고 주가와 함께 곤두박질친다. 이것은 이 투자자들 잘못이 아니다. 다만, 주가 상승 시기에 그토록 빠르게 부자가 된 것과 마찬가지로 빠르게 거지가 될 뿐이다. 신중한 사람만이 이득을 본 뒤에 빠르게 발을 뺀다. 활황 장세에서 가장 이득을 보는 사람은 바로 이들일지도 모른다.

그런 벼락부자들이 많이 나타날 때 물불을 가리지 않는 무모한 사람들이 일시적으로 시장을 장악할 수도 있다. 그렇게 급진적인 주식 매입이 이어진다. 이런 양상으로 인해서 충분히 올라가 있던 주가가 그보다 더 올라간다. 이는 마치 공황에서 주가가 충분히 떨어졌음이 명확한데도 더 떨어지는 현상과 매우 닮아 있다.

주가가 정상 수준 이상으로 올라가면 공매도가 나

타나기 시작한다. 이런 현상은 옳다. 하지만 너무 이르다. 진정한 활황 시장이라면 거의 언제나 추가로 주가가 올라감에 따라 공매도한 주식을 되사는 환매 현상이 일어난다. 이런 상황에서 추가로 더 주가가 오른다는 것은 상식적인 기준으로 보면 있을 수 없는 일이지만 실제로 일어난다. 이런 현상이 반복되다 보면 어느새 제정신을 가진 정상적인 공매도 투자가들은 안전한 곳으로 숨어버린다.

주가 변동을 적으로 보지 말고 친구로 보라.
어리석음에 동참하지 말고 이용하여 이익을 내라.

- 워런 버핏

이미 부자가 된 것처럼
행동하지 말라

활황 시장에서는, 투자자들의 심리적 태도가 한쪽으로 기울어져 터무니없이 높은 주가를 기록하게 한다. 이런 상황이 나타나면 보통 모든 경제 부문에서 물가가 오르는데, 사업하는 사람의 입장에서는 실제보다 돈을 더 많이 버는 것처럼 느끼게 된다.

이렇게 착각하는 이유가 어디에 있을까? 어떤 식료품 도매상의 경우를 함께 살펴보자. 이 식료품 도매상은 1월에 1만 달러치의 창고 물량을 확보하고 있었다. 그리고 이 시기에 물가 지수는 8.26이었다. 1년 후 다시 1월에 이 물가 지수는 9.23으로 높아졌다. 만일 창고 물량의 목록에 포함된 여러 식료품들의 가격이 이 지수 상승률만큼 상승했다면, 그리고 1년 전의 재고량을 그대로 유지하고 있다면 창고 물량의 가치를 11,174달러로 계산할 수 있다.

이 도매상은 1년 동안 별다른 노력 없이 1,174달러를 거저 얻은 셈이 된다. 하지만 이 이익은 겉으로 드러난 것일 뿐 실제로 발생한 이익이라고 할 수 없다. 1월의 1,174달러로는 작년에 1만 달러로 살 수 있었던 것보다 더 많은 것을 살 수 없기 때문이다. 그럼에도 불구하고 이 도매상은 1년 전보다 부자가 되었다는 착각에 빠진다. 이 착각 때문에 개인 생활에서나 사업에서 그의 씀씀이는 점차 헤퍼진다.

물가가 올라감에 따라 부자가 된 듯한 착각에 빠

짐으로써 나타나는 이차적인 결과는 일차적인 결과보다 훨씬 중요하다. 위의 식료품 도매상이 여분으로 발생했다고 생각하는 소득 1,174달러로 오토바이를 산다고 하자. 이런 행위는 오토바이 산업을 활성화시킨다. 이 사람뿐만 아니라 다른 수많은 사람이 여분의 소득이라고 생각하는 돈으로 오토바이를 살 것이기 때문에 오토바이 회사들은 생산 설비를 늘린다. 이렇게 해서 원자재와 부품 소비가 늘어나고 고용도 확대된다.

조건이 같다면 오토바이 산업뿐만 아니라, 다른 산업에서도 이런 현상은 똑같이 일어난다. 그리고 물가는 더욱 올라간다. 결국 식료품 도매상에게는 다시 또 다른 가상의 여분 소득이 발생하는데, 이 소득으로 그가 집을 개조하고 새 가구를 산다면 관련 산업이 활성화되는 것이다.

주식시장에서는 산업의 확장과 물가 상승이 주가에 반영된다. 하지만 이 모든 것은 심리적인 것이고,

식료품 도매상은 오토바이나 가구를 사면서 들인 돈
을 벌충하기 위해서 어떻게든 저축을 해야만 한다.

다시 상승한 주가와 물가는 서로 자극하고 영향을
미친다. 만일 이 식료품 도매상이 1,174달러라는 가상
의 수익 이외에도 여러 가지 증권을 가지고 있었는데
이것들의 가격이 10퍼센트 올랐다고 한다면 이 사람은
돈을 번 셈이니 지출을 더 늘릴 수 있다. 주가가 10퍼
센트 올랐다는 발표가 나오면 아마도 직원을 몇 명 더
뽑고 씀씀이도 더욱 헤퍼질 것이다. 이런 과정을 통해
서 확신과 열광은 마치 호수에 던진 돌이 파문을 일으
키듯이 더욱 멀리 퍼져 나간다. 그리고 이 모든 것들은
주식시장에도 충실하게 반영된다.

주식시장을 통해
앞날을 내다보라

정리하자면 이렇다. 높은 주가와 열에 들뜬 거래 행위들은 과연 이런 일이 있을 수 있을까 싶을 정도로 거의 대부분 허상 위에서 이루어졌다. 이런 허상은 사람들이 모든 것을 돈으로 측정하며 또 이 돈의 가치가 늘 고정되어 있다고 생각한다는 사실에 뿌리를 두고 있다. 하지만 실제로 돈의 가치는 밀이나 토마토의 가격처럼 시기마다 하나로 고정되는 것이 아니다. 사람들은 이런 것들의 가격을 산정하는 것에만 너무 익숙

해져 있는 탓에 주식의 가격도 그렇게 일차원적인 원리를 따른다고 착각해버린다.

이런 가공의 현실이 무너지기 시작할 때 주식시장이 경제의 지표로 기능하면서 우선 주가가 떨어진다. 이 와중에도 전체적인 경기는 여전히 활발히 순환된다. 그렇기 때문에 사람들은 월스트리트에서 농간을 부린다고 떠들어대며, 이 악덕 투기꾼들을 시장에서 쓸어버려야 한다는 여론이 들끓는다.

사실 주식시장은 주가가 오르지 않을 때 인기를 끈 적은 없다. 하지만 주가 하락은 장기적으로 볼 때 국민 복지에 훨씬 더 많이 기여한다는 점은 의심할 여지가 없다. 왜냐하면, 장차 경제계 전반에 닥칠 재앙의 충격파를 완화하며 또 재앙이 멀지 않았다고 경고함으로써 미리 대비할 수 있게 해주기 때문이다.

그런데 주식시장에서 활황의 마지막 시점을 파악하는 것은 공황의 마지막 시점을 파악하는 것보다 일반적으로 더 어렵다. 하지만 원칙은 간단하다. 공황이 끝난 뒤에 주가를 끌어올린 것은 유동 자금이었다. 반대로, 활황에서 치솟는 주가 상승의 장에 마침표를 찍는 것은 유동 자산이 바닥을 드러내는 것이다. 유동 자산이 말라간다는 것은 콜 금리*와 정기 대부금의 금리가 오르고 상업 어음의 금리가 점차 오르는 현상에서 확인할 수 있다.

---

* Call Rate. 은행, 보험회사, 증권회사 등 금융기관이 서로 자금이 부족할 때 30일 이내의 초단기로 돈을 빌리고 갚는 것을 '콜'이라고 부른다. 이때 적용되는 금리를 '콜 금리'라고 한다.

백미러로는 미래를 볼 수 없다.
과거의 사건으로 미래를 예단하지 마라.

- 피터 린치

7장

활황장과 불황장의
교차점

충동적인 투자자와
냉정한 투자자

주식을 거래하는 사람들은 두 부류로 나눌 수 있다.

'충동적인 투자자'와 '냉정한 투자자'.

먼저, 충동적인 투자자는 이렇게 말한다.

"펀더멘탈로 보거나 기술적인 조건들로 보거나

주가 상승은 확실하게 보장되어 있다. 주식은 사라지고 있는 것이다."

그는 이런 결론을 내리고 매입에 나선다. 그는 주가가 바닥을 칠 때 매입하려고 애쓰지도 않고 또 그런 기대를 하지 않는다. 대신에 주가가 더 오를 것이라는 판단이 서면 최고점에서도 기꺼이 주식을 사들인다. 그리고 시장의 조건들이 주가 하락 쪽으로 돌아섰다거나 주가가 주가 상승 요인을 충분히 반영했다고 판단하면, 곧바로 주식을 팔아 치운다.

이에 비해서 냉정한 부류는 주가가 오른다는 이유 하나만으로는 절대로 주식을 사지 않는다. 그는 이렇게 추론한다.

"가격은 시장 조건에 대응해서 혹은 적어도 내 기준으로 볼 때의 시장 조건에 대응해서 빈번히 오르내린다. 내가 현명하게 해야 할 일은 가격이 반대로 움직일 때 이익을 챙기는 것이다."

그러므로 그는 주식을 사야 할 때라고 믿으면 대량으로 매수 주문을 낸다. 그의 생각은 이렇다.

"현재 내가 보기에 주가는 더 오른다. 하지만 나는 점쟁이가 아니다. 얼마 전에도 지금처럼 내가 주식이 오를 것이라고 내다보았음에도 불구하고 3포인트나 떨어졌던 적이 여러 번 있다. 그래서 나는 지금 주가보다 3.5포인트 떨어진 가격으로 매수 주문을 낼 셈이다. 요즘의 투기꾼들의 성향을 보면, 작은 파도에도 갑작스레 광분하여 미쳐 날뛰는 경우가 많다. 그럴 경우 주가가 갑작스럽게 몇 포인트 내려가는 것은 일도 아니다."

대부분의 자본가들 사이에 그리고 특히 은행업계에 이런 냉정한 부류들이 압도적으로 많다. 이런 사람들은 시시각각으로 변하는 온갖 종목의 주가들을 한시도 눈을 떼지 않고 지켜볼 시간적 여유도 없고 그런 기질도 아니다. 이들은 주가의 미세한 변동을 점칠 능력이 자기들에게는 없다고 공공연하게 표명한다. 하지만 그럼에도 불구하고, 이들은 이런 작은 주가 등락이 있을 때 여기에서 이익을 취할 만반의 준비를 갖추고 있다. 자금도 충분히 많이 가지고 있기 때문에 대규모로 매수하거나 매도함으로써 쉽게 이 목적을 달성할 수 있다.

당연한 일이지만 시장은 늘 대규모로 주문이 넘쳐난다. 그리고 이것을 알고 또 이런 주문이 처리되는 방식을 안다는 것은 현재 시장이 기술적인 측면에서 어떤 위치에 있는지 파악하는 데 결정적으로 도움이 된다.

충동적인 투자자와 냉정한 투자자, 두 부류의 투자자들은 늘 반대 입장에 선다. 충동적인 부류가 행하는 매수나 매도는 주가를 올리기도 하고 내리기도 하려는 의도를 가지고 있지만, 냉정한 부류가 내는 주문들은 그렇지 않다.

예를 들어 은행권에서 여러 경제적 요인과 상황을 따져봤을 때 시장 상황이 좋아 당분간 주가가 오를 것이라고 믿는다고 하자. 그러면 1포인트 아니 0.5포인트 혹은 심지어 0.1포인트만 내려가도 매수 주문을 낸다. 한편 주식거래소의 직원들은 몇몇 일시적인 악재들 때문에 주가가 추가로 더 떨어질 것으로 예상한다. 이들은 대규모 주문이 있다는 것을 알지만 시장에는 구매할 사람을 기다리고 있는 주식이 충분히 많이 있기 때문에 이 주문량을 모두 채우고도 남아서 주가는 떨어진다고 보는 것이다.

이것을 다른 방식으로 표현하면, 시장에 나와 있는 유동 주식이 충분히 많아서 단기 매매자들이 아무리 여러 차례 사고팔아도 주식은 모자라지 않는다는 것이다. 그렇기 때문에 현재 가격보다 낮은 가격에서 매수 주문을 하는 대규모 주문이 이 유동 주식을 충분히 흡수할 때까지는 주가가 떨어질 수밖에 없다는 것이다.

이런 조건들로 인해서 시세가 상승하는 과정에서 일시적으로 하락세를 보이는 '반락 현상'이 나타난다. 이러한 과잉 유동 주식들이 자동대체로 모두 정리되고 나면, 주가는 다시 오를 채비를 갖추게 된다. 만일 전반적인 흐름이 상승세라면, 주가가 오르는 데 대한 저항은 반락 상황에서보다 훨씬 약할 것이다. 이렇게 해서 주가는 새로운 고점에 닿게 되고, 이 지점에서 이익을 얻으려는 사람들은 매도를 한다. 주가가 오르면 유동 공급은 점차 늘어나고 이에 따라 또 다른 반락이 나타난다.

주가가 최고점에 도달한 뒤에는 시장에 변화가 나타난다. 이런 변화로 인해서 대규모 매수 주문은 점차 사라지고 대규모 매도 주문이 나온다. 일단 이런 변화가 나타난 뒤에는 상승세가 꺾인다. 이제 상승보다 하락이 대세다. 그러면 이제 위에서 설명했던 것과 반대 상황이 전개되고, 불황 장세가 이어진다.

역전 타이밍을
놓치지 말라

고공행진하던 주가가 최고점에 도달한 뒤에 당연한 수순으로 점차 주가가 하락할 때도 대규모 매수 주문은 계속해서 나타난다. 또한 주가가 상승할 때도 이익을 실현하려는 매도 주문은 있다. 이렇게 해서 대략한 달 동안 주가는 상대적으로 좁은 폭 안에서 계속 오르내리기를 반복한다. 실제로 일반 매수가 일반 매도보다 우세한 이상 이런 현상은 오래 지속되는 경향이 있다.

경험 많은 투자자는 시장에서 이루어지는 거래들을 계속적으로 눈여겨보고 주식시장을 전문적으로 다루는 기사들을 꼼꼼하게 체크하면서 이 대규모 주문들 가운데 큰 영향력이 있는 주문은 무엇인지, 이러한 현상이 어느 시점에 저물고, 또 언제 역전되는지 가늠해본다.

대규모 매수 주문으로 넘쳐나는 상승장에서는 주가가 떨어지더라도 더는 떨어지지 않는 지지선이 받쳐준다. 주가가 하락할 것을 예상하고 투자하는 사람들은 소심해서 주가를 적극적으로 끌어내리지 않는다. 그들은 주가가 떨어지는 데도 시장으로 나오는 주식은 조금밖에 없다고 말한다. 그래서 주가가 떨어지는 양상은 매우 조심스럽게 보인다. 그렇기 때문에 보다 낮은 주가에서는 거래량도 감소한다. 그러나 이에 반해서 주가가 오를 때는 거래가 보다 활발하게 이루어진다.

활황장이 끝날 무렵에는 눈에 띄는 변화가 나타난다. 주가가 쉽게 떨어지고 대규모 거래도 낮은 가격대에서 이루어진다. 반면에 주가가 더 올라갈 것 같지 않은 상황에서 소폭이라도 상승하면 곧바로 이익을 실현하려는 매도 주문이 나타난다. 대규모 매수 주문들이 철회되는 현상이 쉽게 눈에 띈다.

불황장에서는 지지선 대신 주가가 오르다가 멈춰서는 저항선에 닿는다. 대규모 주문은 주로 주가가 오를 때 사겠다는 주문이다. 그러므로 일반적으로 볼 때 실제로 주가가 오를 때는 이런 대규모 주문이 감소한다. 불황장이 끝날 무렵에는 지지선이 다시 나타나고 저항선은 사라진다. 그래서 주가는 빠르고 급격하게 치솟는다.

지지선이나 저항선이 나타나는 원인에 대해서 사람들은 어떤 세력이 주가를 조작하기 때문이라고 생각한다. 하지만 사실은 수백 명의 투자자들이 내는 대

규모 주문이 원인이다. 이 투자자들이 가지고 있는 심
리적 특성으로 볼 때 이들은 절대로 충동적으로 주식
을 사거나 팔지 않는다.

어떤 투자자가
보유하고 있는 종목의 수가 너무 많다면
그 투자자가 주도면밀하다는 의미가 아니라
확신이 없다는 이야기다.

- 필립 피셔

8장

성공하는 투자자의
마음가짐

기본으로 돌아간다

앞에서 함께 살펴본 내용들을 통해 우리는 주식시장의 일반적인 상승과 하락을 비롯해서 특이한 현상들, 투기나 공황, 활황 등 많은 현상이 투자자들의 심리적 요인에서 비롯된다는 사실을 확인했다. 특히 주가가 불규칙하게 등락을 반복하는 이유로 심리를 첫번째로 꼽았는데, 심리적 요인은 나머지 다른 요인들을 모두 합한 것보다 더 중요하다. 그것은 주식을 거래하는 사람들이 실제 존재하는 사실들에 근거하지 않고, 또 이 사실들이 주가에 어떤 영향을 얼마나 끼치는가 하는 문제에 대한 판단에도 근거하지 않으며, 오로지 사실이나 소문이 다른 거래자들의 심리에 어떤 영향을 어떻게 끼칠 것인가, 이 문제에 대한 판단에 입각해서 거래를 한다는 점이다. 이런 심리적 태도 때문에 온갖 추측들이 난무하는데, 이 추측들은 명백한 사실이나 상식의 범위를 훨씬 뛰어넘어 터무니없는 수준으로 확대된다.

그러나 다른 사람들의 투자 행동을 예측하고 이 예측 결과를 근거로 하여 투자 포지션을 결정하는 것이 어리석다고만은 할 수 없다. 하지만 초보자들로서는 혼란스러울 뿐이다. 초보자들이 이런 방식으로 투자 결정을 할 경우 재앙을 맞이할 확률은 거의 100퍼센트다. 반면에 경험이 많은 사람들에게는 매우 유용한 도구가 된다. 물론 아무리 유용하다고 해도 확실한 방법이 될 수 없다는 한계가 분명 있다. 어린아이가 날카로운 칼을 처음 다룰 때 잘못해서 상처를 입을 가능성은 매우 높지만 요리사나 조각가의 손에 들어가면 안전하고도 멋진 도구가 되지 않는가.

그렇다면 똑똑한 투자자의 심리적인 태도는 무엇일까?

현금으로 주식을 사서 많은 수익을 올리려고 하는 장기 투자자는 자기와 반대되는 대중의 정서에 흔들리거나 자신의 잘못된 추론 때문에 혼란에 빠지지 않기 위해서 이런 심리적인 문제를 충분히 고려해야 한다. 장기 투자자는 주가와 객관적인 사실, 이 두 가지만 바라본다면 최상의 결과를 얻을 수 있다. 현재의 금리, 보유하고 있는 주식의 회사가 수익을 낼 수 있는 능력, 투자금에 영향을 미치는 정치적인 요인들, 이 세 가지 요인과 현재 주가의 상관관계 등이 그의 투자 심리에는 최상의 영양 공급원이 된다.

문득 자신이 '그 사람들'이 다음에 무엇을 할 것인

지, 혹은 투기꾼들이 어떤 행동을 이어갈지에 대해 너무 골몰하고 있다는 사실을 깨달으면 곧바로 정신을 차리고 자신에게 이렇게 되새겨야 한다.

"기본으로 돌아간다."

적극적인 거래자라면 이야기는 달라진다. 물론 경제적 요소나 시장의 조건들을 완전히 무시해서는 안 된다. 하지만 그의 기본적인 목표는 시장의 흐름을 따라가는 것이다. 다시 말해서, 상당 부분 다른 사람들이 생각하고 행동하는 것을 근거로 하여 투자를 결정해야 한다는 것이다. 자신만의 기준점을 세우고, 시장의 심리전을 냉철하게 바라볼 줄 아는 태도는 성공적인 투자를 이루기 위해서 꼭 필요한 소양이다.

충동적으로 투기하지 말고
습관적으로 투자하는 과정에 익숙해져라.
투자는 훈련이다.
하지만 공연을 관람하듯 즐기는 태도를 잃지 마라.
- 제럴드 로브

평온해야 본질이 보인다

투자자는 반드시 이성을 가진 낙관주의자가 되어야 한다. 주가 움직임의 이면에 있는 징조와 움직임을 바라보지 못하고 그저 냉소적인 시선으로 주가가 떨어질 것이라고만 생각하는 비관주의자의 운명보다 더 불쌍하고 끔찍한 것은 없을 것이다.

하지만 업종의 특성상 이 낙관주의는 다른 사업 영역에서 성공을 보장해주는 것과는 조금 다른 성격

이어야 한다. 일반적으로 낙관주의라고 하면 끝까지 희망을 잃지 않는 태도, 도전을 마다하지 않는 자신감, 자신이 가는 길에 대한 확신, 목표를 기필코 이루고야 말겠다는 단호한 의지와 실천 등이 요소를 모두 담고 있다.

하지만 주식시장을 개인의 의지나 희망만으로 움직일 수는 없는 노릇이다. 아무리 신사고적인 방법론으로 무장한다 해도 그것 자체만으로는 주가를 직접적으로 올리거나 내릴 수 없는 것이다.

주식시장 안에서 투자자 개인은 뗏목에 의지한 채 파도에 이리저리 떠밀려 다니는 사람에 지나지 않는다. 낙관주의자라면 조류와 파도가 이 나무토막을 끊임없이 어디론가 흘려보낸다고 믿지 않고, 스스로 조류를 타고 자신이 목표로 삼고 있는 지점으로 나아갈 수 있다고 믿어야 한다. 어떤 점에서 보면 낙관주의는 의지가 아니라 지성이다. 단호한 의지에 바탕을

둔 낙관주의자라면 남들이 혀를 내두르는 고집불통이 될 수도 있다.

어떤 사업을 하더라도 성공을 거둘 수 있는 덕성으로 열정을 꼽을 수 있다. 그러나 주식시장은 다르다. 주식시장에서는 이 열정이 아무 짝에도 쓸모가 없다. 어떤 투자자가 열정에 몸을 맡기는 순간, 그는 이성의 힘을 자신의 믿음이나 기대에 종속시키는 오류를 저지르게 된다.

투자자가 상승장을 이끄는 거물이 아닌 한 열정만으로 주식시장을 자신이 원하는 방향으로 이끌 수 없다. 투자자는 누구나 자기 마음을 맑고 화창한 날의 강물처럼 잔잔하고 서늘하게 유지하고자 한다. 열정, 공포, 분노, 절망 등의 온갖 감정들은 이성을 흐리는 구름일 뿐이다.

투자자가 고집불통이 되어서는 안 된다는 말은 누

구나 인정할 수밖에 없는 명백한 가르침이다. 그렇다고 해서 투자자가 자기 고집을 모두 버려야 한다는 말은 아니다. 바로 이 지점에 어려움이 있다. 한편으로는 새로운 변화가 나타날 때까지 어떤 결정을 끈질기게 밀고 나가야 하지만 잘못된 길로 들어섰다는 것을 깨달았을 때는 고집을 부리지 말고 깨끗이 돌아서야 하기 때문이다.

하루 정도 주식시장에 관련된 모든 것을 깨끗이 잊어버리고 휴가를 떠나 바람을 쐬는 것이 정신과 마음을 맑게 하는 데 도움이 된다. 이렇게 하면 자기도 모르게 머릿속에 박혀 있던 편견과 굳은 생각들을 깨닫고 그것들을 떨쳐낼 수 있다. 때로는 주식 거래에서 아예 손을 떼고 한동안 주식시장의 바깥에서 바라보는 시간도 필요하다.

나무가 아니라
숲을 바라보라

투자자들이 가장 흔히 저지르는 오류를 꼽으라면 온갖 사람들에게서 쓸데없는 의견들을 수집하는 것이다. 전체 상황을 멀리서 한눈에 바라보지 못하기 때문이다. 주가를 결정하는 여러 가지 요인 가운데 하나에 지나지 않는 특정한 어떤 요인만을 보고 주식시장에 결정적인 영향을 끼치는 요소라고 확신을 가지는 것도 상황을 전체적으로 바라보지 못하기 때문이다. 이 때문에 한 가지만을 근거로 삼아서 투자 행동을 결정한다. 물론 그 요인이 핵심적이고 중요한 영향력을 행사하는 것일 수도 있다. 하지만 다른 요인들이 그 요인의 영향력을 상쇄하고도 남는다면 어떻게 할 것인가?

월스트리트에서 투자자들은 날마다 숲은 보지 못하고 나무만 바라보는 이런 의견들을 듣는다. 예를 들어서 한 투자자가 매우 보수적인 사람을 만나서 현재의 주식시장 상황을 어떻게 전망하는지 물으면 그 사람은 이렇게 대답한다.

"급진적인 사상이 이렇게 빨리 퍼지다니 정말 놀라지 않을 수 없습니다. 기업이 이익을 내도 사회주의적인 법률 때문에 이익을 모두 환수당한다면 어떻게 기업가들이 자유롭게 사업을 확장할 수 있겠습니까?"

그러면 이 투자자는 부드러운 어조로, 예측되는 농산물 생산량은 충분히 많고 은행은 건실하며 기업

활동은 활발하게 이루어지고 있다는 등의 말을 한다. 하지만 이런 말은 그 사람에게 깊은 인상을 남기지 못한다. 그 사람은 자기 주식을 모두 팔아 치웠고 보유 자금을 모두 은행에 예치해두고 있다. 주가가 하락할 것이라는 굳은 믿음에서 벗어나지 못한 그는 대중이 다시 '제정신'으로 돌아온 다음에야 다시 주식을 살 것이다.

이 투자자가 두 번째로 만난 사람은 이렇게 대답한다.

"주가는 절대로 더 내려가지 않습니다. 현재 예측되는 농산물 수확량이 적지 않잖아요. 농산물은 모든 것의 기본입니다. 토지에서 새로운 부가 창출되어서 경제 전반에 긍정적 영향을 준다고 생각하면, 주식 전망도 아주 밝습니다."

그러면 이 투자자는 급진주의 사상이 확산되고 있

으며 새롭게 제정된 법률이 불합리하고 물가가 너무 비싸다는 등의 말을 한다. 하지만 그 사람은 이런 문제들은 새로 창출되는 부와 비교하면 상대적으로 중요하지 않다고 말한다. 물론 이 사람은 장기 투자자이다. 이런 말을 경계해야 한다.

"이 상황에서는 이것이 가장 중요한 요인입니다."

가장 중요하다고 말하는 요인에 대해 다른 사람들도 동의하고 있는가? 그렇지 않다면 경계해야 한다. 모든 사람은 자기만의 독특한 특성을 가지고 있다. 그리고 주식시장은 수많은 사람들이 모인 곳이다. 따라서 상상할 수 있는 모든 특성이 모여 있는 곳이기도 하다. 어떤 투자자의 눈에 어떤 하나의 요인이 아무리 중요하게 보인다 하더라도 그 하나의 요인이 다른 모든 요인들과 상관없이 주가의 움직임을 지배하지는 않는다.

또 하나의 오류를 유발하는 것은 육감이다. 육감은 갑자기 머릿속에 떠올라서 이성적인 생각을 지워버리고 본능적으로 행동하게 만드는 어떤 관념이다. 대부분의 경우에 육감은 강력한 충동에 지나지 않는다.

사업가들은 종종 이렇게 말한다.

"왠지 느낌이 좋지 않습니다."
"어쩐지 나는 그 제안이 마음에 들지 않습니다."

하지만 왜 느낌이 좋지 않은지, 왜 마음에 들지 않은지에 대해서는 구체적인 근거를 대지 못한다. 그렇다고 해서 반평생을 주식시장에 몸담아온 사람의 육감이 아무 가치가 없다는 말은 아니다. 경험자가 이런식으로 말할 때는 상황이 너무도 미묘하고 복잡해서 명쾌하게 정리하기 어려운 것이다. 종합적으로 볼 때 충분히 받아들일 가치가 있다. 다시 말해서 육감은 경험이 많은 투자자만이 말할 자격이 있는 것이다.

무엇을 소유하고 있는지,
왜 그것을 소유하고 있는지 알아라.

- 피터 린치

어떻게
투자할 것인가

　　성공한 투자자들은 투자와 관련하여 자신의 심리적인 특성을 연구하고 어떤 판단을 할 때 습관적으로 저지르는 오류를 반드시 기억하고 보완한다. 예를 들어서 어떤 판단을 할 때 너무 성급하게 결론을 내리는 사람은 시간을 두고 기다리면서 깊이 더 생각하는 방법을 배운다. 즉 결정을 내린 뒤에 이 결정 사항을 곧바로 실천에 옮기지 않고 책상 위에 올려둔 채 숙성될 때까지 기다린다. 정말 확신하다고 생각할 때조차도 전체 결정의 일부만 내리고 나머지는 다음으로 미루는 것이다.

또 자기가 지나치게 조심스러워한다는 사실을 깨달은 투자자는 아직도 마음속에서는 의심의 빛이 완전히 걷히지 않은 상황에서도 어떤 투자 결정을 내리고 실천함으로써 보다 과감해지는 방법을 배운다.

지금까지 여러 사례를 들어가며 함께 짚어본 주식시장의 특성과 투자자들의 심리적 태도들이 다소 부정적인 측면을 보여주고 있기는 하지만 이렇게 할 때 오류를 파악하기가 훨씬 쉽고, 하나하나 오류를 소거하는 방식으로 독자가 활용할 것이라 믿는다. 그동안 주식시장이라는 거대한 세계 속에서, 여러 갈래의 길 앞에서 느낌만으로 방향을 정했다면, 앞으로는 보다 명확한 기준으로 나아갈 수 있을 것이다. 어떻게 시장을 바라보고 어떤 태도를 취할 것인지 당신의 마음속에도 기준이 세워졌을 것이다. 이어서 다음 장에서 내가 제시하는 성공하는 투자자의 10가지 심리적 특성도 투자자들에게 큰 도움이 될 것이다. 아울러 지금까지 이 책에서 내가 설명하고 정리한 여러 개념들과 제안들이 실제로 당신이 투자에 임할 때 든든한 원칙이 되길 바란다. 주식시장의 흐름을 파악하고, 극한 상황을 피하여 성공적인 투자를 이루는 데 도움이 되기를 바란다.

성공하는 투자자의 10가지 심리적 특성

1. 마음을 비우고 균형 잡힌 태도를 유지하라. 이 목표를 항상 먼저 되새겨라.

2. 빠르게 부자가 된다면 빠르게 거지가 될 수 있다.

3. 어떤 정보가 매우 매혹적으로 보인다 해도 그 정보에 따라 성급하게 행동하지 마라.

4. 걱정이 되어 잠을 이룰 수 없을 정도로 무리하게 투자하지 마라.

5. 주가 하락에 대비하여 늘 여유 자금을 확보해 놓아라.

6. 전적으로 본인의 판단으로만 결정하거나 아니면 전적으로 다른 사람의 판단에만 의지하라. 사공이 많으면 배가 산으로 간다.

7. 의심스러울 때는 시장에서 발을 빼라. 지금까지 소요됐던 비용은 계속 투자를 유지해서 입을 손해보다는 적다.

8. 항상 대중의 정서를 파악하라. 설령 대중의 정서가 경제적 여건과 부합하지 않더라도 일반 대중의 정서를 거슬러서는 이익을 낼 수 없다.

9. 투자자 100명 가운데 99명이 저지르는 가장 큰
   실수는 주가가 높을 때 더 올라갈 것이라 생각
   하고 주가가 낮을 때 더 내려갈 것이라 생각하
   는 것이다. 스스로 최고점이라고 판단하는 수
   준 이상으로 주가가 올라갈 때는 과감히 돌아
   서라.

10. 주식투자의 결과는 항상 자신의 책임이라는
    것을 명심하라. 남을 탓하지 않는 정신적 자
    세를 가져야 한다.

주식투자의 심리학

초판 발행   2023년 9월 25일

지은이   조지 C. 셀든
편역자   유태진
펴낸곳   다른상상
등록번호   제399-2018-000014호
전화   02)3661-5964
팩스   02)6008-5964
전자우편   darunsangsang@naver.com

ISBN   979-11-90312-89-9 03320

독자 여러분의 책에 관한 아이디어나 원고 투고를 설레는 마음으로 기다리고 있습니다.
이메일로 간단한 개요와 취지, 연락처를 보내주세요. 독자님과 함께하겠습니다.